AF288654

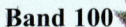

Band 100

OutdoorHandbuch

Markus Gründel & Johann Schinabeck

Ausrüstung I

von Kopf bis Fuß

Ausrüstung I - von Kopf bis Fuß

die OUTDOOR Verlage

Mit uns nach draußen

www.conrad-stein-verlag.de

Die Autoren und der Verlag sind für Lesertipps und Verbesserungen (besonders per E-Mail) unter Angabe der Auflagen- und Seitennummer dankbar.

Dieses OutdoorHandbuch hat 192 Seiten mit 70 farbigen Abbildungen. Es wurde auf chlorfrei gebleichtem Papier gedruckt, in Deutschland klimaneutral hergestellt und transportiert (die Zertifikatnummer finden Sie auf unserer Internetseite) und wegen der größeren Strapazierfähigkeit mit PUR-Kleber gebunden.

OutdoorHandbuch aus der Reihe „Basiswissen für draußen", Band 100

ISBN 978-3-86686-417-7   3., überarbeitete Auflage

© BASISWISSEN FÜR DRAUSSEN, DER WEG IST DAS ZIEL und FERNWEHSCHMÖKER sind
   urheberrechtlich geschützte Reihennamen für Bücher des Conrad Stein Verlags

Dieses OutdoorHandbuch wurde konzipiert und redaktionell erstellt vom
Conrad Stein Verlag GmbH, Postfach 1233, 59512 Welver,
Kiefernstraße 6, 59514 Welver, ☎ 023 84/96 39 12, FAX 96 39 13,
✐ info@conrad-stein-verlag.de, 💻 www.conrad-stein-verlag.de

 Werden Sie unser Fan: 💻 www.facebook.com/outdoorverlage

Unsere Bücher sind überall im wohl sortierten Buchhandel und in cleveren Out-
doorshops in Deutschland, Österreich und der Schweiz erhältlich.
Auslieferung für den Buchhandel:

D	Prolit, Fernwald und alle Barsortimente
A	freytag & berndt, Wolkersdorf
CH	AVA-buch 2000, Affoltern und Schweizer Buchzentrum
I	Leimgruber A & Co. OHG/snc, Kaltern
BENELUX	Willems Adventure, LT Maasdijk
E	mapiberia f&b, Ávila

Text: Markus Gründel & Johann Schinabeck
Aktuelle Überarbeitung: Markus Gründel
Fotos: Markus Gründel, Ingrid Retterath & Manuela Dastig
Lektorat: Manuela Dastig & Marie-Luise Großelohmann
Layout: Manuela Dastig
Gesamtherstellung: AZ Druck und Datentechnik GmbH, Kempten

Titelfoto: Entspannte Rast nach einem langen regenreichen Tag, 📷 Gründel

Inhalt

Über die Autoren

Markus Gründel ist seit Kindertagen leidenschaftlicher Wanderer, Bastler und liebt technische Spielereien. Er ist überwiegend in Deutschland und Skandinavien zu Fuß, mit dem Rad oder Boot unterwegs. Mit dem Fund seines ersten Geocaches 2002 ist er der Faszination der modernen Schnitzeljagd verfallen.

Sein 2007 beim Conrad Stein Verlag erschienenes Erstlingswerk *Geocaching* avancierte im deutschsprachigen Raum zu dem Standardwerk und ist als die „Geocaching-Bibel" bekannt. Als Deutschlands erster hauptberuflicher Geocacher ist er ein gefragter Ansprechpartner zu den Themen Schnitzeljagd 2.0, GPS und Ausrüstung.

Johann Schinabeck lebt im Chiemgau und arbeitet in den Sommermonaten als Trekking- und Reiseführer für deutsche und amerikanische Veranstalter hauptsächlich in die Nationalpark der USA mit Schwerpunkten Südwesten, Neuengland und Alaska. Außerdem macht er mehrmals im Jahr längere Wanderungen und Solotouren ins Hinterland verschiedener Nationalparks wie

Yosemite, Arches oder Grand Canyon u.a.

Im Conrad Stein Verlag sind von ihm folgende Titel erschienen: *John Muir Trail* (USA), *USA: Grand Canyon Trails, Ausrüstung 2 - für Camp und Küche.*

Die Fortsetzung zum vorliegenden Band ist unter dem Titel „Ausrüstung 2 - für Camp und Küche" erschienen. Dort werden u.a. Zelte, Schlafsäcke, Isomatten, Kocher und Kochgerät und sonstige Ausrüstungsgegenstände ausführlich vorgestellt.

📖 **Ausrüstung 2 - für Camp und Küche**, ISBN 978-3-89392-501-8, € 7,90

Einleitung

„Mit atmungsaktiven Gore-Klamotten zum Trekking nach Patagonien" - diese Aussage enthält gleich mehrere neudeutsche Schlagwörter, die in unserer heutigen Freizeitkultur immer häufiger zu finden sind. Immer mehr Menschen begeben sich auf der Suche nach Erholung, Entspannung oder Abenteuer in die Natur, was der Outdoor-Branche ordentliche Zuwachsraten beschert.

Der Outdoor-Markt hat sich auf die ständig steigende Nachfrage eingestellt und bietet ein breites Spektrum an Ausrüstungsgegenständen in unterschiedlichsten Qualitäts- und Preisklassen an, das fortlaufend durch neue Produkte erweitert wird.

Der Outdoor-Neuling kann sich in diesem Angebotsdschungel kaum zurechtfinden. Hier hilft nur eine qualifizierte Beratung durch geschultes Personal in guten Fachgeschäften. Diese kompetente Anleitung verhindert, dass Sie falsch oder schlecht ausgerüstet zu einer Tour aufbrechen. Sie soll Ihnen aber auch helfen, dass Sie die richtige Ausrüstung anschaffen und nicht Material kaufen, dass für die geplante Unternehmung zu viel, zu hochwertig, zu teuer ist. Es ist Ihnen nicht gedient, wenn Sie das Geschäft „over equipped", aber mit einem viel schmaleren Geldbeutel, wieder verlassen.

Mit diesem OutdoorHandbuch Ausrüstung I - von Kopf bis Fuß geben wir Ihnen eine Übersicht über die verschiedenen Ausrüstungsgegenstände, die hauptsächlich am Körper getragen werden, über verschiedene Materialien, aus denen sie hergestellt werden und ein paar Grundsätze, die Sie beim Einkauf beachten sollten.

☺   Da eine noch detailliertere Marken- oder Produktinformation den Rahmen des vorliegenden Buches sprengen würde, ist eine **gute Beratung** in geeigneten **Outdoor-Geschäft unerlässlich!**

Symbole

 Achtung

 Buchtipp

Homepage

Telefon

☺ Tipp

 Verweis vor

 Verweis zurück

Besuchen Sie uns doch einmal auf unserer Homepage.

Dort finden Sie ...

... aktuelle Updates zu diesem OutdoorHandbuch und zu unseren anderen Reise- und OutdoorHandbüchern,

... Zitate aus Leserbriefen,

... Kritik aus der Presse,

... interessante Links,

... unser komplettes und aktuelles Verlagsprogramm & viele interessante Sonderangebote für Schnäppchenjäger.

www.conrad-stein-verlag.de

Bekleidung

Anforderungen an die Bekleidung

Die Aufgabe der Outdoor-Bekleidung lässt sich auf ein vermeintlich einfaches Ziel reduzieren: Sie muss die Kerntemperatur unseres Körpers konstant auf 37 °C halten. Das hört sich relativ einfach an, ist bei permanent wechselnden Rahmenbedingungen letztlich aber eine sehr komplexe Aufgabe, die die Bekleidung erfüllen muss. Die nackte Haut des Menschen hat einen sehr engen Toleranzbereich. Besonders bei niedrigen Temperaturen kühlt der Körper schnell aus, weil ein Fell oder eine dicke Isolationsschicht fehlt. Und auch der Zivilisationsspeck vieler Übergewichtiger kann diese Aufgabe nicht erfüllen.

Daher sind wir auf Kleidung angewiesen, wenn wir in der freien Natur unterwegs sind. Hinzu kommt, dass durch verschiedene angenehme Erfindungen wie, z.B. der Heizung, eine Anpassung des Körpers an größere Temperaturschwankungen in verschiedenen Jahreszeiten in unserem hochtechnischen Zeitalter nicht mehr erforderlich ist und der Körper diese Anpassung auch nicht mehr leisten kann.

Wenn dann dieser verwöhnte Zivilisationsmensch zu verschiedensten Aktivitäten in der freien Natur aufbricht, muss er sich gegen die Unbilden der Natur wie Kälte oder schlechtes Wetter durch Kleidung schützen.

Die meisten Outdoor-Aktivitäten sind mit körperlicher Leistung verbunden, d.h. man bewegt sich und das bedeutet in der Regel: der Schweiß rinnt in Strömen. Und das ist auch gut so, denn nachdem unser Körper Wärmeenergie freigesetzt hat, sorgt der Schweiß durch die Verdunstungskälte für Kühlung und so für den notwendigen Temperaturausgleich.

Je nach körperlichem Zustand und der durchgeführten Outdoor-Aktivität gibt der menschliche Körper unterschiedliche Leistung in Form von Wärme ab, so z.B. bei großen körperlichen Anstrengungen bis zu 600 Watt pro Stunde, beim Wandern 300 bis 400 Watt pro Stunde und sogar beim Pausieren sind es ungefähr 150 Watt pro Stunde. Aus dieser Leistung und den äußeren Bedingungen ergibt sich dann die Schweißmenge. Bei großen körperlichen Leistungen bei großer Hitze verliert der menschliche Körper bis zu 2 Liter Wasser pro Stunde in Form von Schweiß.

Macht man eine Rast, dann dauert es nicht lange und der Körper beginnt zu frieren. Und hier beginnen die ganzen Problemchen für den Einsatzbereich der Bekleidung. Erst muss der Körper gekühlt werden, dann plötzlich muss er warm gehalten werden. Also doch nicht ganz so einfach, die Körpertemperatur ständig auf 37 °C zu halten. Zum einen muss verhindert werden, dass Kälte und Nässe von außen an den Körper gelangen und ihn so übermäßig kühlen, aber zugleich soll gewährleistet sein, dass Feuchtigkeit und Wärme nach außen befördert werden. Dann aber soll er plötzlich wieder warm gehalten werden. Keine ganz leichte Aufgabe.

Und das auch noch unter äußeren Bedingungen, die sich oftmals ändern: Hitze, gemäßigte Temperaturen, Kälte, extreme Trockenheit, Nieselregen, Nebel, Dauerregen, Schneestürme, es kann windstill sein, es kann windig sein. Ja, man könnte auch zu Hause bleiben ...

Hier hilft uns die Wissenschaft und die nie ruhende Outdoor-Industrie, die im Lauf der Zeit verschiedene Materialien entwickelt haben, welche mehrere Funktionen übernehmen und so mit solch widrigen Bedingungen fertig werden können. Das allein reicht zwar noch nicht aus, um bei unterschiedlichen Anforderungen zufriedenstellende Ergebnisse zu erzielen, aber dabei hilft uns ein bewährtes Bekleidungsprinzip.

Das Zwiebelprinzip

hat sich im Lauf der Zeit bei der Outdoor-Bekleidung durchgesetzt und besagt, dass mehrere dünne Schichten an Bekleidung eine sinnvollere und gezieltere Anpassung an die jeweiligen Bedingungen ermöglichen, als eine einzelne dickere Schicht. Jede Bekleidungsschicht hat eine bestimmte Aufgabe, die sie über die entsprechende Funktion erfüllt. Grundsätzlich kann man sagen, dass dieses System durch drei aufeinander folgende Lagen an Bekleidung gebildet wird.

Die Schicht direkt am Körper, die Unterwäsche, soll die Feuchtigkeit, also den Schweiß von der Haut ableiten, die nächste Schicht soll isolieren, d.h., den Körper warm halten und die Außenschicht soll vor Wind und Regen schützen, also möglichst wind- und wasserdicht sein. Ein Vorteil dieses Systems ist, dass man seine Bekleidung an die jeweiligen Außenbedingungen individuell anpassen kann. Wenn man also schwitzt, kann man die Isolierschicht, z.B. die Fleece-Jacke ausziehen und ist trotzdem durch Unterwäsche und Windjacke geschützt - oder bei trockenem Wetter oder wenig Wind kann man einfach den Wind- und Regenschutz weglassen.

Ein weiterer Vorteil ist, dass die unterschiedlichen Eigenschaften von mehreren verschiedenen Fasern verbunden werden können, was in einem einzelnen Kleidungsstück unmöglich wäre. Dadurch kann jede einzelne Lage ihre Aufgabe optimal erfüllen und im Zusammenwirken mit den anderen Schichten Bedingungen schaffen, die den menschlichen Körper warm und trocken halten.

Nun zu den genauen Aufgaben der einzelnen Materialien und den Schichten, aus denen sie hergestellt werden.

Materialien, Gewebe und Ausstattungen

Baumwolle

kann mit den positiven Eigenschaften der modernen Funktionsmaterialien nicht mithalten. Sie (Durchmesser von 12 bis 35 μm) kann bis zu 65 % ihres Eigengewichtes an Feuchtigkeit aufnehmen und speichern. Allerdings leitet sie diese Feuchtigkeit nur sehr schlecht nach außen ab, somit bleibt der in der Faser gespeicherte Schweiß nahe an der Haut und kühlt diese übermäßig ab.

Die Wäsche fühlt sich auf der Haut klamm und nass an, was nicht nur sehr unangenehm ist, sondern auch schnell zu einer Erkältung führen kann - und krank möchte wohl niemand im Urlaub werden. Außerdem braucht sie sehr lange, bis sie wieder trocken wird. In den meisten Trekkingregionen der Erde muss aber genau dieser Effekt vermieden werden.

Einzig in tropischen und in Wüstenregionen kann man mit diesem Effekt das Abkühlen des Körpers unterstützen und so das Schwitzen angenehmer machen.

Wolle

hat von den Naturfasern noch die besten Eigenschaften, die für Funktionswäsche erforderlich sind. Wolle (Durchmesser von 30 bis 50 μm) nimmt mit bis zu 33 % erheblich weniger Wasser auf als Baumwolle, trocknet aber noch langsamer. Sie wärmt aber selbst im feuchten Zustand noch. Problematisch an Wolle ist allerdings, dass viele sie auf der Haut als unangenehm oder gar kratzig empfinden.

Merinowolle

stammt von dem in Neuseeland beheimateten Merinoschaf. Sie ist mit einem Durchmesser von 13 bis 25 μm im Vergleich zu der „normalen" Wolle deutlich feiner und wird dadurch nicht mehr als kratzig empfunden. Das menschliche Haar hat übrigens einen Durchmesser von 50 bis 100 μm. Ein weiterer Vorteil ist die Geruchsneutralität. Selbst nach mehrmaligem Tragen riechen die Kleidungsstücke kaum. Die Firma Icebreaker hat sich mit ihrer Unterwäsche aus Merinowolle in den letzten Jahren auch in good old Europe einen Namen gemacht.

Die gängigsten **synthetischen Materialien** zur Herstellung von Funktionsunterwäsche sind Polyester, Polyacryl, Polypropylen und Nylon. Diese Stoffe unterscheiden sich in ihren Eigenschaften nur geringfügig voneinander.

Der Hauptvorteil der Kunstfasern gegenüber den Naturfasern ist, dass sie nur eine sehr geringe Wassermenge in der Faser aufnehmen, daher im „feuchten" Zustand nicht an Gewicht zunehmen, besser isolieren und schneller trocknen; optimale Voraussetzungen für Funktionsunterwäsche.

Weitere positive Eigenschaften sind die hohe Reißfestigkeit, die Scheuerfestigkeit, die UV-Beständigkeit und die Fäulnisbeständigkeit. Ein Nachteil der meisten synthetischen Stoffe ist ihre Empfindlichkeit gegenüber Funkenflug, z.B. am Lagerfeuer und gegenüber Hitze.

Polyester

ist ein leicht zu verarbeitendes Material, das sich sehr angenehm anfühlt und viele Designmöglichkeiten zulässt. Es trocknet sehr schnell und ist nicht UV-empfindlich. Nachteil: Polyester ist schwer und außerdem geruchsempfindlich.

Polyamid

ist ein Material, das ebenfalls sehr schnell trocknet und leicht zu verarbeiten ist. Nachteil: Polyamid ist UV-empfindlich.

Polypropylen

ist sehr leicht, nimmt am wenigsten Feuchtigkeit auf und trocknet am schnellsten. Nachteil: UV-empfindlich und sehr geruchsanfällig.

Fleece

gehört zu den großen Innovationen der Outdoor-Branche und ist aus dem
Outdoor-Markt einfach nicht mehr wegzudenken. Es handelt sich um ein
Material, das kuschelig-weich, sehr warm, leicht, atmungsaktiv und robust ist,
kaum Wasser aufnimmt, sehr schnell trocknet und außerdem auch noch pfle-
geleicht ist. Ein Stoff mit idealen technischen Eigenschaften für den Outdoor-
Einsatz.

☺   Eine normale Fleece-Jacke ist luftdurchlässig und wenn die Gefahr der
Auskühlung durch Wind („Windchill-Effekt" oder „Windchill-Faktor") besteht,
können Sie über das Fleece eine winddichte Wetterschutzschicht ziehen.
Alternativ können Sie auch ein Softshell oder ein Fleece mit einer winddichten Ausstattung tragen - Vorteil hier, die höhere Atmungsaktivität gegenüber
der Kombination Fleece und Regenschutz.

Fleece wird aus einer hauchdünnen Polyesterfaser produziert, von denen
10 km Faser weniger als 1 Gramm wiegen. Zunächst wird ein tragendes
Gestrick hergestellt, das in seiner Rohform einem Frottee-Handtuch sehr
ähnelt. Durch einen mechanischen Prozess, dem Bürsten, werden die feinen
Schlingen dann aufgerissen.

Die feinen Härchen bilden einen dichten Flor, der senkrecht zur Oberfläche steht. Dadurch erhält Fleece den flauschigen Griff und fühlt sich sehr
weich an. Die stehenden Härchen erleichtert die Weiterleitung des Schweiß-
dampfes, der aus der Unterwäsche kommt. Zusätzlich bilden sie ein Luftpolster, das den Körper optimal wärmt. Kleidungstücke aus Fleece sind sehr leicht
und trocknen sehr schnell. Beim Fleece gibt es unterschiedliche Qualitäten
und Materialstärken. Somit kann Bekleidung hergestellt werden, die gut an
die jeweiligen Einsatzbedingungen angepasst werden kann.

Obwohl es zahlreiche Hersteller von Fleece gibt, ist der Marktführer
immer noch der amerikanische Hersteller Malden Mills mit seinem Polartec,
gefolgt von Pontetortos Technopile. Fleece gibt es in zahlreichen Varianten,
wobei sich die unterschiedlichen Qualitäten teilweise schon auf dem Bügel im
Laden zeigen. So pillt (bildet Knötchen) ein Billigfleece viel schneller wie ein
Markenprodukt. Fleece wird meist mit einer Zahl 100, 200 oder 300 gekennzeichnet, was dem ungefähren Gewicht des Materials pro Quadratmeter

entspricht. Die gängigste Stärke ist 200er, die von der Isolation her etwa einem „normalen" Wollpulli entspricht. Fleece mit einer winddichten Ausstattung sind als Außenschicht gut geeignet, solange es nicht regnet, weil sie die Auskühlung des Körpers deutlich vermindern.

Wasserdicht sind diese Fleece-Qualitäten allerdings nicht, obwohl sie imprägniert sind und so das Wasser bei leichtem Regen abperlt. Bei stärkeren Niederschlägen muss jedoch ein Regenschutz getragen werden.

Die Bandbreite von Fleece reicht also von der Unterwäsche bis zum Wetterschutz, von Handschuhen bis hin zu winddichten Jacken. Aus Fleece wird so ziemliches alles an Bekleidung gefertigt, was bei Outdoor-Aktivitäten zum Einsatz kommt. Da für Fleece ebenfalls Kunstfasern verwendet werden, gelten die gleichen Materialeigenschaften wie für die Funktionsunterwäsche. Es ist leicht, trocknet schnell, nimmt aber auch den Schweißgeruch ebenso auf. „Antibakterielles Finish" hat die Geruchsneigung bei Fleece inzwischen ebenso reduziert wie bei der Funktionsunterwäsche.

Die WINDSTOPPER® Produkte
bieten sicheren Schutz vor dem Windchill-Effekt.

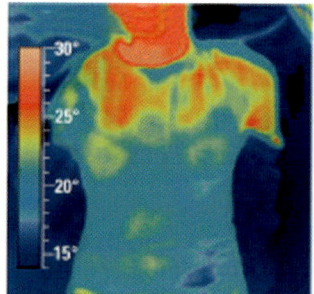 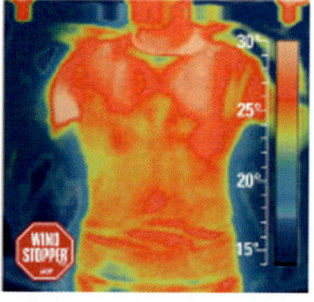

Ohne die WINDSTOPPER® Membrane: Die blauen Bereiche zeigen, dass normales Material den Wind nicht abhalten kann. Trotz gleichbleibender Außentemperatur beginnt der Körper zu frieren. Das ist der Windchill-Effekt.

Mit der WINDSTOPPER® Membrane:
Die roten Farben beweisen, dass erst das WINDSTOPPER® Material den Wind abblockt. Der Körper bleibt angenehm warm und länger leistungsfähig.

Softshell und Hardshell

bezeichnet eine Bekleidungsgruppe, die die mittlere und äußere Bekleidungsschicht kombiniert. Softshells bieten einen weichen, textilen Touch, sind anschmiegsam, elastisch, winddicht und sehr atmungsaktiv aber nur wasserabweisend, womit sie etwa 85 % des täglichen Einsatzes in der Natur abdecken. Gerade bei sportlichen Aktivitäten, wo viel Schweiß produziert wird und wo (Fahrt)Wind mit im Spiel ist haben Softshells den Markt für sich erobert.

Hat man jedoch mit mehr als Nieselregen oder Nebel zu kämpfen, so muss der Hardshell, die Jacke mit Membrane oder Beschichtung hervorgeholt werden. So ist dann eine 100 % Wasserdichtigkeit gewährt, die man sich aber mit geringerer Atmungsaktivität als beim Softshell erkauft.

Mikrofasergewebe

bestehen aus ultrafeinen 0,3 bis 1 dtex (10 km dieser Fasern wiegen nur zwischen 0,3 und 1 g ☞ Tex-System) und dicht gewebten Kunstfasern wie Polyester, Polyamid oder Polypropylen. Durch das verwendete Material und die Webart sind diese Gewebe winddicht und im Vergleich zu Membranen (☞ Membranen) wesentlich dampfdurchlässiger. Sie sind allerdings nicht wasserdicht.

Seide

ist von den Naturfasern die weichste und hautverträglichste Faser. Sie ist temperaturausgleichend, d.h., sie fühlt sich bei warmem Wetter kühl und bei kaltem Wetter warm an. Dennoch ist sie zzt. nur selten in Unterwäsche oder Socken verwendet. Die Seidenfaser hat einen Durchmesser 12 bis 25 μm.

Nano-Technologie

Nicht nur im Bereich der Elektronik reden wir heute von der Nano-Technologie, auch im textilen Bereich gibt es sie. Pate stand hier wieder einmal die Natur in Form der Lotuspflanze. Schmutz bleibt aufgrund der mikrorauen Oberflächenstruktur nicht bzw. nur sehr schlecht an ihr haften. Spätestens der nächste Regen spült die letzten Schmutzpartikel fort. Der Faden wird vor Verarbeitung mit einer dauerhaften (in der Textil-Welt spricht man hier vom Überstehen von ca. 20 Maschinenwaschgängen) Nano-Ausstattung versehen. Bei einem Gewebe mit Nano-Technologie, wird nicht nur Schmutz abgewiesen, auch perlen Wasser, Öl, Rotwein und sogar Cola einfach ab. In der Textilindustrie träumte man schon lange von schmutzabweisenden Materialien und hat diese Technologie seit 2004 als die Errungenschaft gefeiert. Als 2009 eine Studie über die mögliche Gesundheitsgefährdung von Nano-Partikeln veröffentlicht wurde, kehrte sich diese Euphorie jedoch um. Heute wird gern darauf verwiesen, dass noch weiter geforscht werden müsse und somit diese Technologie vorerst nicht angewendet wird. (☞ Nano-Tex)

UV-Schutz

Der Schutz vor Sonnenbrand und dem damit verbundenen erhöhten Hautkrebsrisiko beschäftigt die Medien und damit auch uns nicht erst seit den Berichten über Ozonloch und Supersommer mit Hitzerekorden. Einige Hersteller der Outdoor-Industrie sind auf die geniale Idee gekommen die gefertigten Textilien einem UV-Test zu unterziehen und dieses mit entsprechenden Kennzeichnungen werbewirksam zu nutzen. Heute ist diese Kennzeichnung, die analog der Angabe des Lichtschutzfaktors auf Sonnenschutzcremes, etc. zu interpretieren ist, nicht mehr wegzudenken. Leichte Textilien wie Baumwolle oder Funktionsunterwäsche weisen Werte von ca. UPF (Ultraviolett Protection Factor) 10+ auf, schwere Materialien wie FjällRävens G-1000-Gewebe schaffen sogar ein UPF 50+, die Masse der luftigen Hemden, Blusen, Hosen aus Funktions(Kunst)faser weisen zzt. Schutzfaktoren zwischen 20+ und 40+ UPF auf.

Beschichtungen, Membranen und Imprägnierungen

Wetterschutz, d.h. Wind- und Regenschutz, lässt sich für Funktionsoberbekleidung durch dreierlei Varianten sicherstellen:
▷   Gewebe mit Imprägnierung
▷   Beschichtungen
▷   Membranen

Gewebe mit Imprägnierungen

Hier ist die Wasserdichtigkeit gering und vor allem nicht sehr langlebig, d.h., eine Nachimprägnierung ist erforderlich. Das Gewebe besteht aus Fasern, die extrem dicht gewoben werden, sodass die Poren des Gewebes stark verkleinert sind. Nach dem Weben werden diese Stoffe mit einem Imprägnierungs-mittel behandelt, wodurch sie wasserabweisende Eigenschaften erhalten. Die so behandelten Gewebe sind sehr dampfdurchlässig, besitzen also eine hohe Atmungsaktivität.

Beschichtungen

Man unterscheidet zwischen luftundurchlässigen und mikroporösen Beschichtungen. Für luftundurchlässige Beschichtungen wird das Gewebe heute dreilagig mit Polyuretan, früher war es PVC, beschichtet.

Die Nähte sollten zusätzlich verschweißt sein.

Bekleidung mit luftundurchlässigen PU-Beschichtungen ist absolut was-serdicht, die Beschichtung ist sehr robust und leidet erst nach längerem Gebrauch. Da die Beschichtung keinerlei Feuchtigkeit durchlasst - auch nicht von innen - kann die Körperfeuchtigkeit (Schweiß) nicht entweichen, sie kon-densiert auf der Innenseite des Kleidungsstückes, „man steht im eigenen Saft". Typischer Vertreter dieser Bekleidungsgattung ist der sog. „Ostfriesen-nerz".

Bei mikroporösen Beschichtungen erhält das Gewebe eine extrem dünne Polyurethan-Beschichtung (25 bis 50 μm) in die dann mit einer speziellen Bearbeitungsmethode kleine, mikroporöse Löcher mit einem Durchmesser von 0,5 bis 3 μm eingearbeitet werden. Mikroporöse Beschichtungen sind dampfdurchlässig, aber trotzdem noch wasserdicht und winddicht.

Mikroporöse Beschichtungen sind in der Herstellung billiger als Mem-bran-Systeme. Outdoor-Bekleidung aus solchen beschichteten Materialien hat inzwischen eine recht gute Qualität. Die Dampfdurchlässigkeit (Atmungs-aktivität) der mikroporösen Beschichtungen ist allerdings meist geringer als die von Membranen.

Eine weitere Variante besteht darin, dass Fasern vor der Verarbeitung mit wasserabweisenden, hydrophoben Komponenten behandelt werden.

Die aus solchen hydrophobierten Fasern hergestellten Gewebe zeichnen sich durch Winddichtigkeit und hervorragende Dampfdurchlässig-keit/Atmungsaktivität aus. Eine solche Jacke aus hydrophobierten Fasern hat sich bei einer körperlich sehr anstrengenden 7.000er-Expedition als äußere Bekleidungsschicht sehr gut bewährt.

Membranen

Für die wind- und wasserdichte Außenschicht haben sich über die Jahre mehrlagige Laminate auf dem Markt durchgesetzt und sind ständig verbessert worden. Mit Membranen wurde es möglich Outdoor-Bekleidung einerseits wind- und wasserdicht zu machen, andererseits die Atmungsaktivität zu gewährleisten, d.h., Wasserdampf kann nach außen dringen. Was bedeutet aber „wasserdicht" und „atmungsaktiv" letztlich?

▷ Als **wasserdicht (Klasse 3)** nach DIN EN 343:2003 „Schutzbekleidung gegen Regen" werden alle Textilien bezeichnet, die einer Wassersäule von 1.300 mm standhalten (Klasse 2 sogar nur 800 mm!). Moderne Materialien können sogar Wassersäulen von 80-100 m standhalten. Gute Outdoor-Bekleidung sollte aus einem Material bestehen, das mindestens einer Wassersäule von 10 m widersteht - selbst wenn nach DIN-Norm 1,3 m ausreichend wären -, da beim Sitzen oder Knien, vor allem aber unter den Rucksackträgern und -gurten ein erhöhter Wasserdruck entsteht; eine Wasserdichtigkeit, die einer Wassersäule von 1,3 m entspricht, ist an diesen neuralgischen Punkten nicht ausreichend.

▷ **Atmungsaktiv** ist der Fachbegriff für die Durchlässigkeit des Gewebes für Körperflüssigkeit. Die Atmungsaktivität wird mit zwei Tests ermittelt: dem MVTR-Test (Moisture-Vapor-Transmission-Rate) und dem RET-Test (Resistance to Evaporating Heat Transfer).

Bei dem MVTR-Test wird der tatsächliche Durchlass von Wasserdampf durch einen Quadratmeter Stoff innerhalb von 24 Stunden gemessen - g/m²/24h. Je höher der Wert, desto besser die Atmungsaktivität. Ab 10.000 g gilt der Wert als „sehr gut".

Beim RET-Test wird der Dampfdurchgangswiderstand des Materials gemessen. Es gilt, je niedriger der RET-Wert, desto atmungsaktiver ist das Material. Sehr atmungsaktive Materialien haben einen RET-Wert von 0 bis 6. Bei RET-Werten von 6 bis 13 ist immer noch gute Atmungsaktivität gewährleistet, 14 bis 20 sind als atmungsaktiv definiert und über 20 gilt als nicht atmungsaktiv.

Die wasser- und winddichte Membrane ist eine äußerst dünne Folie in zweierlei Variationen: **mikroporöse** und geschlossen **hydrophile Membranen**:

▷   Die **mikroporöse Membrane**, hier GORE-TEX®, ist nur 0,2 μm stark
     und besteht aus ePTFE (expanded Polytetrafluorethylen; PTFE ist als
     Teflon bekannt geworden) mit rund 1,4 Milliarden Poren pro Quadrat-
     zentimeter. Diese winzig kleinen Poren haben gerade einmal einen
     Durchmesser von 1/200 der Stärke eines menschlichen Haares. Die
     Poren lassen die Wasserdampfmoleküle des Schweißes mit einem
     Durchmesser von ca. 0,0003 μm jederzeit nach außen entweichen,
     sind aber viel zu klein selbst für feinste Wassertropfen (Wassertropfen
     sind mit einem Durchmesser von 2.000 μm millionenmal größer als
     Wasserdampfmoleküle; selbst Nebeltröpfchen haben noch einen
     Durchmesser von 100 μm). Etwas bildlicher dargestellt sind diese
     Poren 20.000 Mal kleiner als ein Wassertropfen, aber 700 Mal grö-
     ßer als ein Wasserdampfmolekül.

Funktionsweise einer GORE-TEX® Membrane

Allerdings muss ein entsprechendes Gefälle (wissenschaftlich: Gradient) zwischen der Temperatur (zwischen 9°C und 15°C) und Luftfeuchtigkeit auf der Innenseite der Membrane, also am Körper, und den Außenbedingungen herrschen. Ab einer gewissen Außentemperatur ist die Dampfdurchlässigkeit deutlich gemindert und wenn die Außentemperatur nahe der Körpertemperatur ist, funktioniert die Dampfdurchlässigkeit nicht mehr. In tropischen, schwülwarmen Regionen beispielsweise ist der Luftfeuchtigkeitsgradient deutlich reduziert, sodass damit die Dampfdurchlässigkeit ebenfalls reduziert ist.

Ideale „Arbeitsbedingungen" für mikroporöse Membranen herrschen bei nasskaltem Wetter. Und selbst unter solchen „optimalen" Bedingungen können maximal 0,3 bis 0,4 Liter Dampf (Schweiß) pro Stunde durch eine mikroporöse Membrane geleitet werden, während der menschliche Körper bei

Anstrengungen 1 bis 2 Liter Schweiß pro Stunde absondert. Salze, die gelöst im Schweiß enthalten sind, können in die Poren eindringen und dort auskristallisieren. Diese Salzkristalle können Wassertropfen durch die mikroporöse Membran „saugen". Mikroporöse Membranen müssen daher regelmäßig mit entsprechenden Membrane-Waschmitteln gewaschen, aber nicht geschleudert werden!

▷   Geschlossene, **hydrophile Membranen** (z.B. Sympatex) sind im Gegensatz zu den mikroporösen Membranen porenlos, wodurch Wasser nicht eindringen kann. Wasserdampf (Schweiß) wird durch einen physikalisch-chemischen Prozess (Diffusion) durch die Membrane nach Außen transportiert. Die Membrane enthält hydrophile (= „wasserliebende") Komponenten, die Wassermoleküle regelrecht ansaugen. Sind die Wassermoleküle erst einmal in die Membrane aufgenommen, führt der Feuchtigkeitsgradient zwischen der Innen- und Außenseite des Bekleidungsstückes dazu, dass die Wassermoleküle zur Außenseite gelangen und dort an die Umgebungsluft abgegeben werden.

Trotz des unterschiedlichen Prinzips des Wasserdampftransports gelten für geschlossen hydrophile Membranen die gleichen Einschränkungen wie für die mikroporösen Membranen: Der Wasserdampftransport funktioniert umso besser, je höher der Unterschied/Gradient zwischen der Bekleidungsinnen- und -außenseite ist (s.o.). Da die beiden beschriebenen, hauchdünnen Wetterschutzmembranen sehr empfindlich sind, werden sie meist auf stabilere Trägermaterialien, wie Polyester- oder robuste Nylongewebe aufgeklebt und so entstehen mehrschichtige **Laminate**.

▷   Bei **zweilagigen Laminaten** ist die eigentliche wind- und wasserdichte Membrane mit einer Lage Trägermaterial verklebt. Im Bekleidungsstück kann das zweilagige Laminat auf verschiedene Weisen verarbeitet sein:

◆   Beim **Oberstoff-Laminat** ist die linke Seite des Oberstoffes mit der Membrane verklebt. Von innen wird die empfindliche Membrane durch ein loses Innenfutter geschützt.

◆   Beim **Insert-Laminat** ist die zweilagige Membrane mit einem Vlies oder einem anderen geeigneten Gewebe verklebt. Dieses zweilagige Laminat hängt lose zwischen dem Oberstoff und dem Futter.

♦   Beim **Futter-Laminat** ist die linke Seite des Futters mit der Membrane verklebt und der Oberstoff liegt lose darüber.

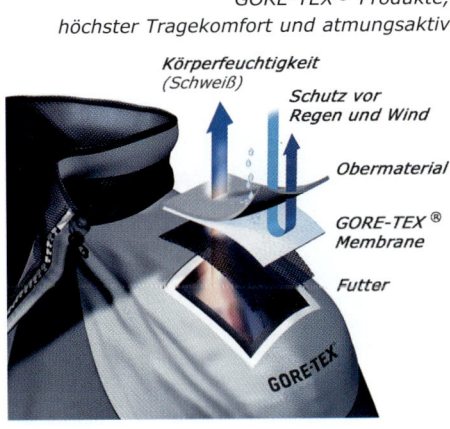

*GORE-TEX® Produkte,
höchster Tragekomfort und atmungsaktiv*

Körperfeuchtigkeit
(Schweiß)

Schutz vor
Regen und Wind

Obermaterial

GORE-TEX ®
Membrane

Futter

Bei allen drei Typen ist wichtig, dass die Futterstoffe die Feuchtigkeit gut weitertransportieren und großflächig auf der Membrane verteilen können. Daher werden auch sie aus Kunstfaser hergestellt. Durch leichte Futterstoffe, wie Polyesternetze erreicht man ein angenehmes Tragegefühl. Durch die Verklebung der Membrane mit dem Futter im Fall des Futter-Laminats verliert das Futter etwas an Geschmeidigkeit, sodass Oberstoff-Laminate und Insert-Laminate einen größeren Tragekomfort besitzen.

*GORE-TEX® Paclite® Shell,
extrem leicht und platzsparend*

Körperfeuchtigkeit
(Schweiß)

Schutz vor
Regen und Wind

Obermaterial

GORE-TEX ®
Membrane

Schutzschicht

▷   Ein sog. **2,5-lagiges Laminat** besitzt auf der Innenseite entweder eine graue Schicht, kleine auflaminierte Kunststoffpunkte oder eine Art Gitternetz, die/das die Membrane vor Beschädigungen schützen und verhindern, dass das Material beim Schwitzen an der Haut „klebt". Dadurch kann Innenfutter entfallen, wodurch leichte Bekleidung mit extrem kleinem Packmaß bei trotzdem hohem Tragekomfort realisiert werden kann.

▷   Bei **dreilagigen Laminaten** ist die eigentliche wind- und wasserdichte Membrane mit zwei Lagen Trägermaterial verklebt, wodurch sie wesentlich besser vor mechanischen Belastungen geschützt ist, als bei zweilagigen Laminaten. Sie fühlen sich aber steifer an und besitzen eine geringere Dampfdurchlässigkeit als zweilagige Laminate da auch eine Schicht Kleber mehr verarbeitet werden muss.

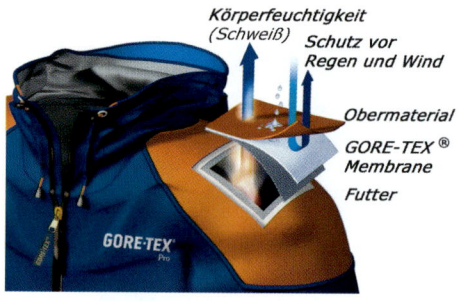

GORE-TEX® Pro Produkte, atmungsaktiv und strapazierfähig

Körperfeuchtigkeit (Schweiß)
Schutz vor Regen und Wind
Obermaterial
GORE-TEX® Membrane
Futter
GORE-TEX® Pro

Dreilagige Laminate werden bevorzugt für Bekleidung mit starker Beanspruchung verwendet. Im Bekleidungsstück kann das dreilagige Laminat auf verschiedene Weisen verarbeitet sein:

▷   Beim Dreischicht-Laminat ist die Membrane mit dem Ober- und dem Futterstoff verklebt.

▷   Beim Dreischichtfutter-Laminat ist die Membrane mit einem Trägergewebe und dem Futter verklebt. Über diese dreilagige Membrane kommt zusätzlich noch ein Oberstoff. Diese Variante bietet größtmöglichen Schutz vor äußeren mechanischen Beanspruchungen und findet daher vor allem bei Schuhen Verwendung.

☺   Wer sich Funktionsbekleidung kauft, sollte sich vorher genau überlegen, für welchen Einsatz die Bekleidung gedacht ist (Wanderung, Bergsteigen, Hochgebirgstour, Skitour, Klettern, ...) und welche Kriterien dafür besonders wichtig sind (Tragekomfort, Gewicht, Packmaß, Robustheit, ...). Wie oben beschrieben haben alle Materialien Vor- und Nachteile.

☺   Wenn der Einsatzbereich festgelegt ist, muss beim Kauf vor allen Dingen auf die Passform, die Beweglichkeit in den Kleidungsstücken und auf die

Verarbeitung geachtet werden. Die Beschichtungen und Membranen namhafter Hersteller sind alle mehr oder weniger atmungsaktiv und wasserdicht; erst die richtige Verarbeitung garantiert ungetrübte Outdoor-Freuden:

▷ Gibt es unnötige Nähte? Alle Nähte müssen gut versiegelt sein (Bandverschweißung).

▷ Eine gute Reißverschlussabdeckung oder ein wasserfester Reißverschluss müssen vorhanden sein.

▷ Taschen sollten ohne nach außen durchgehende Naht angebracht sein.

▷ Zusätzliche Ventilationsöffnungen können bei schweißtreibenden Aktivitäten erforderlich sein.

Wasserdichtigkeit und Atmungsaktivität

Obwohl viele Hersteller ihre Produkte als „wasserdicht" bewerben, klagt so mancher Outdoorer über Feuchtigkeit, z.B. in seiner Jacke. Die Membrane ist hier höchstwahrscheinlich dicht, eventuell ist die Verarbeitung fehlerhaft, aber hauptsächlich sind es physikalische Prozesse, die die Atmungsaktivität erschweren.

Wie schon erwähnt, muss ein Temperatur- oder Feuchtigkeitsgefälle, das sog. **Wasserdampfdruckgefälle** von innen nach außen herrschen, wenn der Schweiß nach außen gelangen soll. Bei wirklich schweißtreibenden Aktionen ist es auch dann nicht zu vermeiden, dass die Jacke von innen feucht wird.

Ist bei Regen der Oberstoff einer Jacke völlig durchtränkt, verringert sich die Atmungsaktivität, es entsteht eine Kältebrücke zur Haut und man kühlt schneller aus - der Komfort der Bekleidung lässt deutlich nach. Die beste Abhilfe schafft eine gute Imprägnierung. Solange das Regenwasser abperlt, kann es sich nicht in der Oberfläche festsetzen und das Feuchtigkeitsgefälle bleibt viel länger erhalten.

Nasser Oberstoff kühlt außerdem stark, sodass ein Temperaturgradient ebenfalls nicht mehr gegeben ist (vor allem, wenn warme Fleecewäsche getragen wird). Ist der Temperatur und Feuchtigkeitsgradient nicht mehr gegeben, kondensiert die Feuchtigkeit an der kalten Innenseite der Regenbekleidung. Funktionsbekleidung sollte daher von Zeit zu Zeit mit Sprays oder mit einer

Waschimprägnierung nachbehandelt werden. Die Effekte einer guten Imprägnierung sind gravierend! Sie bewirkt, dass das Material atmungsaktiver ist und weniger Kondenswasser im Oberstoff speichert. Der Vorteil von Imprägniersprays liegt in der Tatsache, dass die Imprägnierung wirklich nur außen aufgebracht wird. Tauchbäder und Waschimprägnierungen verteilen sich zwar gleichmäßiger, imprägnieren aber auch das Futter der Jacke, das eigentlich den Schweiß aufsaugen und nicht abstoßen soll.

Materialfehler oder schlechte Verarbeitung, wie z.B. schlecht abgedichtete Nähte können ebenfalls zu Feuchtigkeit in der Jacke führen. Der Futterstoff kann an Kapuze und Ärmeln durch die Dochtwirkung Feuchtigkeit nach innen saugen. Das kann auch bei Kordeln passieren, wenn das Material nicht wasserabweisend ist.

☺   Der Begriff „atmungsaktiv" ist irreführend, weil hier nichts aktiv atmet. Sinnvoller wäre der Ausdruck „wasserdampfdurchlässig", klingt aber werbetechnisch nicht so überzeugend.

Funktionsunterwäsche

Funktionsunterwäsche ist die Bekleidungsschicht, die direkt auf der Haut getragen wird. Wie der Name schon sagt, soll sie verschiedene Funktionen erfüllen: Sie soll den Körper warmhalten und vor allen Dingen den Feuchtigkeitshaushalt regulieren, d.h., den Schweiß von der Haut ableiten und schnell trocknen.

Sie wird hauptsächlich aus Kunstfasern hergestellt, da diese die Feuchtigkeit von der Haut wegleiten, ohne sie zu speichern. Der Schweiß verdunstet und die Wäsche trocknet schnell, während Baumwolle die Feuchtigkeit aufsaugt, nass wird und so der Schweiß am Körper bleibt.

Darüber hinaus soll die Wäsche strapazierfähig, aber auch pflegeleicht sein.

Von den Naturfasern werden teilweise Wolle und Seide als Beimischungen verwendet. Auch gibt es Unterwäsche aus reiner Merino-Wolle oder reiner Seide. Der Vorteil von Seide, Wolle und Mischgeweben liegt in der geringeren Geruchsbildung. Hiergegen weben einige Hersteller auch Silberfäden in die Kunstfaserwäsche ein.

Jeder Hersteller bietet sein Sortiment mit einer eigenen Gewebemischung an, sodass sich verschiedene Funktionsschwerpunkte in den Vordergrund stellen. So kann die Wäsche beim einen die Feuchtigkeit schneller abtransportieren, während sie beim anderen besser wärmt oder scheuerfester ist.

Die angebotenen Sortimente sind umfassend vom Slip bis zur Long John, vom Trägerhemd bis zum Langarmhemd, Damen- und Herrenunterwäsche, alles natürlich in unterschiedlichen Gewebestärken, damit sie den Ansprüchen der verschiedenen Jahreszeiten und den unterschiedlichen Outdoor-Aktivitäten gerecht werden können. Hier hilft am besten wieder die Beratung beim Fachmann.

☺ **Kauftipps**

▷ Kaufen Sie zunächst nur ein Teil und probieren Sie es an, um Passform und Tragegefühl beurteilen zu können.

▷ Bewegen Sie sich mit der Wäsche, um Kratz- oder Scheuerstellen rechtzeitig zu entdecken. Eine leicht angeraute oder frotteeartige Innenseite fühlt sich angenehm auf der Haut an.

▷ Achten Sie auf sauber verarbeitete, flache Nähte, die nicht drücken.

▷ Wählen Sie enganliegende Wäsche für besonders schweißtreibende Aktivitäten, bei nicht so anstrengenden Touren empfiehlt sich weiter geschnittene Wäsche.

☺ **Pflegetipps**

▷ Waschen Sie ihre Funktionswäsche regelmäßig. Die Funktion bleibt nur erhalten, wenn Schweiß und die enthaltenen Salze weggewaschen werden.

▷ Waschen wirkt auch gegen die geruchsbildenden Bakterien. Allerdings werden sie wirkungsvoll erst bei der 60°-Wäsche abgetötet, was nicht jede Funktionsunterwäsche verträgt.

Wärmeschicht/Isolation

Die wärmende Zwischenschicht die zwischen der Unterwäsche und der Außenschicht liegt, hat eine zentrale Funktion. Sie soll zum einen die Feuchtigkeit von der Funktionsunterwäsche weiter nach außen leiten, auf der anderen Seite allerdings auch wärmen. Damit Bekleidung wärmt, muss sie die

Körperwärme entweder speichern oder reflektieren. Auch hier dominieren Kleidungsstücke aus synthetischen Fasern, dabei liegt Fleece eindeutig vorn. Es erfüllt beide Funktionen auf ähnliche Weise wie die Funktionsunterwäsche: Fleece besteht aus einem tragenden Gestrick, ähnlich eines Frottee-Handtuchs, von dem aus in beide Richtungen Haare oder Fasern abstehen; im Gegensatz zur Baumwolle, bei dem sich die Fasern oder Haare flächig ausbreiten. Die idealerweise rechtwinklig zur Funktionsunterwäsche stehenden Haaren oder Fasern des Fleece erleichtern die Verdunstung des Schweißes. Auf der anderen Seite entstehen feine Luftpolster, die wärmen.

Spezielle Webverfahren (Einweben von kleinen Stegen zwischen den Faserbüscheln; ggf. größerer Faserabstand für größere Luftpolster) oder zweilagiges Gewebe vergrößern das Luftpolster weiter. Durch diese Modifikationen wird nicht nur das Luftpolster vergrößert und eine bessere Wärmeleistung erreicht, außerdem wird das Gewebe leichter, lässt sich stärker komprimieren und dadurch verringert sich das Packmaß.

Einen anderen Weg geht der Hersteller Outlast mit seinem gleichnamigen Produkt. Bei diesem Material sind mikroskopisch kleine thermoregulierende Kügelchen in Fasern und Schaumstoffen integriert. Diese Kügelchen enthalten wachsähnliche Polymere, die sich den unterschiedlichen Temperaturen anpassen: Bei Wärme werden sie flüssig und bei Kälte wieder fest. Beim Aggregatsübergang von flüssig nach fest wird Energie freigesetzt, die zuvor, beim Übergang von fest nach flüssig, zugeführt wurde.

Die Wärme wird allerdings in alle Richtungen abgestrahlt, d.h. auch nach außen. Daher macht dieses Prinzip nur Sinn, wenn die Kleidungsstücke auf der Außenseite mit einer wärmereflektierenden Schicht versehen sind, sodass die freigesetzte Wärme zum Körper hin abgegeben wird.

Der Nachteil dieses High-Tech-Materials ist allerdings das im Vergleich zu Fleece-Stoffen deutlich höhere Gewicht.

Die Atmungsaktivität steht in direkter Relation zur Dicke des Fleece-Materials. Dickere Qualitäten oder die winddichten und wasserabweisenden Varianten sind weniger atmungsaktiv als die dünnen Qualitäten.

Optimale Funktion ist wie bei der Funktionsunterwäsche nur gegeben, wenn auch das Fleece relativ eng am Körper anliegt. Fleece sollte also der

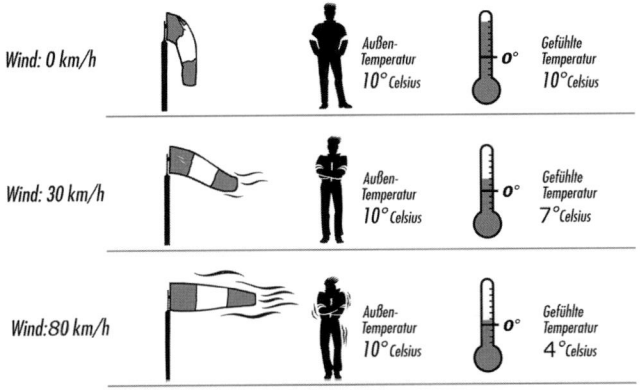

Der Windchill-Effekt:
Abhängig von der Windgeschwindigkeit kann die gefühlte
Temperatur geringer sein als die gemessene Außentemperatur

Körperform entsprechend geschnitten sein, idealerweise den Hosenbund überlappen und hinten etwas länger ausfallen. Zusätzlichen Wärmeschutz bieten an den Reißverschlüssen untergelegte Streifen, die die latente Kältebrücke Reißverschluss abdichten.

Für die Wärme- und Isolationsschicht bietet fast jeder namhafte Hersteller eine breite Palette von Outdoor-Bekleidung unterschiedlicher Qualität und Leistungsfähigkeit. Man findet Jacken mit oder ohne Kapuze, Hemden, Sweater, Pullover, ärmellose Westen, Hosen, Overalls, Mützen, Sturmhauben, Handschuhe und manches mehr.

Vor dem Kauf gilt es wieder den Einsatzbereich festzulegen. Grundsätzlich gilt, je dünner das Fleece, desto atmungsaktiver ist es. Je dicker das Fleece-Material ist, desto besser ist die Wärmeisolation. Bei Jacken sollte man darauf achten, dass durch Unterarmreißverschlüsse zusätzliche Ventilationsöffnungen geschaffen werden können. Allerdings darf man nicht vergessen, dass normales Fleece luft- und damit auch winddurchlässig ist, und so der Körper durch den „Windchill-Factor" z.B. bei einer Abfahrt mit dem Mountainbike oder Ski sehr schnell auskühlen kann. In diesem Fall ist ein Wind- oder Regenschutz angesagt.

Einen guten Windschutz bieten winddichte Fleece-Varianten und Softshells. Diese sind jedoch meist nicht wasserdicht. Eine zusätzliche Imprägnierung kann hier Abhilfe schaffen.

☺   Das „Outdoor-Magazin", „Wanderlust", „trekking-Magazin", „Alpin"
und „Bergsteiger" führen regelmäßig Praxistests mit allen möglichen Out-
door-Produkten durch und veröffentlichen die Ergebnisse. Dies ist eine gute
Gelegenheit, sich eine aktuelle Produktübersicht, sowie auch eine Qualitäts-
und Preisübersicht zu verschaffen.

Wetterschutz

Die Außenschicht schließlich soll uns vor den „extremen" Einflüssen der
Natur wie Regen, Schnee, Wind, Sturm, UV-Strahlung und allem, was uns
sonst noch das Abenteuergefühl vermitteln will, schützen. Das Sortiment an
Oberbekleidung reicht von einfacher Regenbekleidung bis hin zur Expediti-
onskombinationen aus Multifunktionsmaterial.

Die Wundersachen mit Polyester, Nylon, Taslan-Nylon, Ripstop-Nylon,
Ascent Ripstop-Nylon, GORE-TEX® Membrane, Sympatex, Memotex u.v.m.,
die die Nässe und Kälte von unserem zarten Körper fernhalten sollen, Laminate - zwei-, zweieinhalb- oder dreilagig, - Beschichtungen, luftundurchläs-
sig oder mikroporös, Imprägnierung, die das Wasser einfach abperlen lassen
sollen, das klingt schon recht nach böhmischen Dörfern, oder?

Im folgenden Abschnitt wird Bekleidung, die die Wetterschutzfunktion in
den jeweiligen Einsatzbereichen übernimmt, detailliert beschrieben. Und sollten dann noch Fragen bleiben - es gibt ja das geschulte Beratungspersonal in
den Outdoor-Geschäften, das Sie gerne durch diesen Dschungel führt.

Outdoor-Bekleidung in der Übersicht

Travelbekleidung

Die Zeit der Wander-Jeans, Bundeswehrhosen und Kniebundhosen im Out-
door- Bereich ist lange vorbei. Reisebekleidung profitiert auf der ganzen Linie
von den positiven Eigenschaften der Kunstfaser.

▷ Moderne Reisebekleidung - neudeutsch auch Travelbekleidung genannt - muss bequem, leicht, robust sein und natürlich gut aussehen. Sie soll pflegeleicht sein und schnell wieder trocknen, wenn es mal geregnet hat.

▷ Die Optik spielt eine wichtige Rolle, da Reisebekleidung sowohl beim Hiking als auch im Hotel getragen wird.

▷ Die Ausstattung ist sehr vielseitig und es wird viel Wert auf Details wie zweckmäßige Taschen oder durch Reißverschluss abnehmbare Hosenbeine - das erspart die Shorts im Gepäck - gelegt.

▷ Bei den Materialien stehen reine Kunstfasergewebe im Vordergrund, aber sowohl verschiedene Mischgewebe wie auch reine Baumwolle kommen zum Einsatz. Baumwolle bietet zwar etwas weniger Funktionalität, dafür aber ein sehr angenehmes Tragegefühl.

▷ Beim Kauf sollte man auf guten Schnitt, saubere Verarbeitung und eine ausgereifte Ausstattung achten.

Trekking- und Tourenbekleidung

▷ Bei Wanderungen oder auch längeren Touren wird Trekkingbekleidung oft stark beansprucht. Daher kommen hier kräftigere Gewebe zum Einsatz als bei normaler Reisebekleidung, hauptsächlich Kunstfaser und Mischgewebe. Das macht Trekkingbekleidung vor allem robust und strapazierfähig. Nach wie vor äußerst beliebt das G-1000-Gewebe der schwedischen Firma FjällRäven.

▷ Neben der Funktionalität ist ein guter Schnitt ein wichtiges Kriterium, solche Kleidung muss einfach gut sitzen. Scheuerfeste Gewebe sollen eine lange Lebensdauer garantieren. In besonders beanspruchten Bereichen wie Gesäß, Knie, Knöchel, Schultern oder Ellbogen wird das Material gedoppelt oder mit stabilen Geweben verstärkt, um solche Zonen vor schnellem Verschleiß zu schützen.

Alpintouren- und Expeditionsbekleidung

Hier geht es um die Bekleidung, die als Schutzschicht bei extremen Bedingungen eingesetzt wird. Sie wird als Wetterschutz über der Unterwäsche und der Isolierschicht getragen. Das ist auch der Bereich, in dem die ganzen „Texe" ihre viel gerühmten Vorteile ausspielen können: wind- und wasserdicht, aber „atmungsaktiv". Die Palette reicht von Hosen, Jacken, Kombinationen bis hin zum Overall in den unterschiedlichsten Qualitäten und Materialien, von der leichten Regenbekleidung bis hin zur schweren Extremjacke, alles was das Outdoor-Herz begehrt.

Jacken

▷   Der **Schnitt** muss weit genug sein, um entsprechende Kleidung darunter tragen zu können.

▷   Die **Ärmel** müssen lang genug, die **Bündchen** sollten verstellbar sein

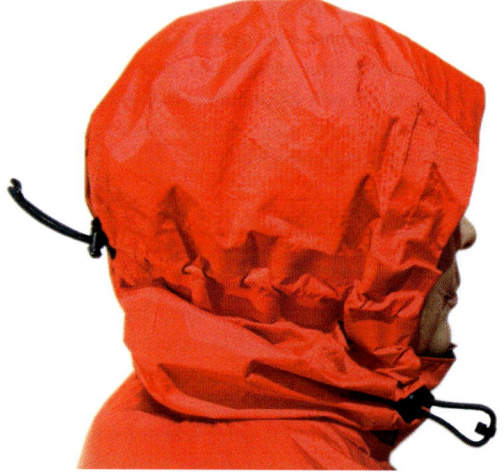

Mit den Kordelzügen kann die Kapuze so fixiert werden, dass sie nicht verrutscht, auch wenn der Kopf mal zur Seite gedreht wird - nicht nur Radfahrer wissen das zu schätzen.

▷   Eine **Kapuze** muss sich bei der Kopfbewegung mitdrehen und einen Schild haben.

▷   **Sturmlappen** verhindern, dass es in den Kragen reinzieht und bieten so einen guten Gesichtschutz.

▷   Der **Frontreißverschluss** sollte doppelt abgedeckt oder wasserfest sein, damit kein Wasser eindringen kann. Reißverschlüsse an den Seitentaschen sollten ebenfalls abgedeckt oder wasserfest sein.

▷ **Unterarmreißverschlüsse** helfen die Belüftung zu regulieren. Reißverschlussverlängerungen sind hilfreich.

▷ **Taschen** sollten am besten frei eingehängt sein. Wird die Jacke für Rucksacktouren benutzt, sollten die Taschen weit oben angesetzt sein, damit sie auch bei geschlossenem Hüftgurt zugänglich sind.

☺ **Kauftipps** ☞ auch Seite 37

▷ Setzen Sie Ihren Rucksack auf, wenn Sie Touren damit planen. So können Sie feststellen, wie sich die Jacke unter dem Hüftgurt anfühlt.

▷ Probieren Sie die Unterarmreißverschlüsse mit aufgesetztem Rucksack zu öffnen und prüfen Sie, ob wirklich eine Öffnung bleibt, sonst ist die Belüftung hinfällig.

▷ Versuchen Sie bei geschlossenem Hüftgurt in die Seitentaschen zu fassen.

Daunenjacken

In der Zeit eines ausgefeilten Zwiebelprinzips mit hochtechnischen Materialien hat Daunenbekleidung etwas an Popularität verloren. Trotzdem gibt es Einsatzgebiete - vor allem im Bereich des Bergsteigens, im Expeditionsbereich, beim Biwakieren im Hochgebirge und bei Wintertouren - bei denen Daunenbekleidung immer noch enorme Vorteile bietet:

Daunenbekleidung ist bei trockener Kälte der beste Wärmespeicher und weist das beste Verhältnis von Isolierleistung zu Gewicht auf.

☺ Eine weitere wichtige Information über die Isolierfähigkeit von Daune gibt der sogenannte Loft (= Bauschkraft). Je höher der Loft ist, desto stärker bauscht die Daune. Dadurch ist das Luftpolster zwischen den Daunen größer und die Isolierung besser. Oft sind die Herstellerangaben über den Loft ungenau.

▷ Daunenjacken sind **nicht für schweißtreibende Aktivitäten**, wie beispielsweise Skitouren, geeignet, da sich die Daunen durch das Schwitzen mit Feuchtigkeit vollsaugen und dann nicht mehr gut isolieren.

▷ Die **Qualität einer Daunenjacke** hängt unter anderem von der Qualität der verwendeten Daune ab. Das Verhältnis zwischen Daune und

Federchen sollte relativ groß sein. Das Mischungsverhältnis bei Jacken sollte etwa zwischen 80/20 und 90/10 liegen. 90/10 besagt, dass 10 % des Gesamtgewichts mit Federchen aufgefüllt sind.

▷ Gute Isolierleistung eines Kleidungsstückes setzt nicht nur gute **Daunenqualität** sondern auch gute **Verarbeitung** voraus.

▷ Die Daune muss gleichmäßig im Kleidungsstück um den Körper herum verteilt werden und sie darf nicht zu großen Klumpen nach unten zusammensacken. Verschiedene **Kammerkonstruktionen**, die bei Daunenjacken benutzt werden, sollen das verhindern. Bei der H-Form der Kammern verhindert eine Stegnaht zwischen Außen- und Innenhaut der Jacke die Daunenfüllung am Verrutschen. Bei der Schindelform überlappen sich die Kammern. Vorteil dieser Konstruktionsformen ist, dass sog. Kältebrücken, wie sie beispielsweise bei durchgesteppten Jacken entstehen, verhindert werden.

▷ Isolierende Bekleidung muss besonders **gut geschnitten** sein. Zu enge Jacken drücken die Daunen in den Kammern zusammen, die Isolierleistung nimmt drastisch ab. Bei zu groß geschnittenen Jacken müssen die Luftpolster vom Körper erwärmt werden und es kann ziehen.

▷ Da Daunenjacken meist bei eisiger Kälte eingesetzt werden, sollten sie eine **Kapuze** besitzen, die sich gut der Kopfform anpasst und unter Extrembedingungen bis auf kleines Sichtloch zugezogen werden kann. Ein Sturmlappen unterhalb der Kapuze verhindert, dass es in den Kragen zieht.

▷ Darüber hinaus sollten sie Brusttaschen und eine oder mehrere große **Innentaschen** für kälteempfindliche Teile wie Batterien, kleine Fotoapparate und Trinkflaschen und vor allem Handwärmer besitzen. Die Daunenjacke muss lang genug sein, um den empfindlichen Gesäßbereich zu bedecken.

▷ Der **Frontreißverschluss** muss auf der Innenseite mit einer isolierenden Leiste hinterlegt sein, damit die Kälte nicht durchkriecht. Alle Schieber von Reißverschlüssen müssen so groß sein, dass sie auch mit klobigen Überhandschuhen oder Fäustlingen bedient werden können. Druckverschlüsse sind eine schlechte Lösung.

▷ Daunenjacken müssen **winddicht** sein und Schneefall widerstehen, also mindestens wasserabweisend sein, das Außenmaterial daher aus

Kunstfasern bestehen. Daunenjacken sind unbedingt vor Feuchtigkeit zu schützen. Feuchte oder nasse Daunen klumpen zusammen und isolieren so nicht mehr!

▷ Bei Daunenjacken ist **Reißfestigkeit** der Außenmaterialien besonders wichtig, damit die Daunen nicht aus den Rissen austreten.

▷ Das Innenmaterial muss Feuchtigkeit gut durchlassen und glatt sein, damit die Jacke gut über die unteren Bekleidungsschichten angezogen werden kann. Vorteilhaft ist Fleece am Kragen, in den Wärmetaschen und eventuell an den Ärmelabschlüssen, denn Fleece fühlt sich wesentlich angenehmer an als glatte Kunstfaser.

☺ **Kauftipps**

▷ Probieren Sie die Jacken mit verschiedener Unterzieh-Bekleidung.

▷ Probieren Sie mehrere Modelle an, bewegen Arme und Rumpf und strecken die Arme. Die Jacke muss bei diesen Bewegungen gut anliegen, darf aber auch nicht einengen.

▷ Setzen Sie die Kapuze auf und drehen Sie den Kopf. Die Kapuze muss sich mitdrehen, sonst haben Sie plötzlich das Innenfutter vor der Nase und können nichts mehr sehen.

▷ Nur eine saubere Verarbeitung garantiert die volle Funktion.

▷ Öffnen und schließen Sie den Reißverschluss, die Taschen und ziehen die Kapuze mit Fäustlingen auf und passen sie an.

▷ Das Verhältnis zwischen dem Gewicht der gesamten Jacke und dem Füllgewicht sollte 2:1 nicht überschreiten (nur Daunenjacken).

Hosen

▷ Der **Schnitt** der Hose muss weit genug sein, um sie über die normale Bekleidung ziehen zu können, ohne dass sie einengt.

▷ **Überhosen** kann man am leichtesten anziehen, wenn sie einen durchgehenden Seitenreißverschluss haben, weil man die Schuhe nicht extra ausziehen muss. Wichtig ist auch hier eine durchgehende Abdeckung, damit kein Wasser eindringen kann.

▷ **Beinabschlüsse** sind in der Regel mit einem Gummizug oder mit Klettverschlüssen ausgestattet. Stabilere Qualitäten haben manchmal eine **Gamasche** eingearbeitet.

☺ **Kauftipps**

▷ Achten Sie auf den Schnitt - die Hose darf auf keinen Fall zu eng sein.

▷ Gehen Sie in die Knie und machen weite Schritte. Nur so finden Sie heraus, ob die Hose irgendwo spannt oder ob sie bequem sitzt.

▷ Die Hose darf nicht zu kurz sein. Achten Sie bei der Länge darauf, dass die Hose über die Schuhe reicht. Mit Klettverschlüssen hat man die besten Variationsmöglichkeiten.

▷ Am wichtigsten ist es, den Einsatzbereich abzuklären. Daraus ergibt sich dann die Qualität und auch Preis für die Kleidung. Billig sind die Teile leider nicht. Es ist sicher nicht einfach, in diesem riesigen Angebot genau das Richtige zu finden.

Bekleidungsgrößen

Die deutschen Konfektionsgrößen werden nach der Formel Brustumfang/2 ermittelt. Bei den Damen werden von dem ermittelten Wert 6 (bessere Unterscheidung zu Herrengrößen) abgezogen, so ergeben sich folgende Rechnungen: 92cm/2=46, bei den Herren und 92cm/2=46, 46 minus 6=40 bei den Damen.

Um die Kurzgröße (gilt für Damen und Herren) zu ermitteln teilt man die Normalgröße z.B. 52 (Herren) durch 2, also 26.

Um die schlanken Größen bei den Damen zu errechnen nimmt man die Normalgröße z.B. 36 mal 2, also 72. Für die schlanken Größen bei den Herren nimmt man die Normalgröße z.B. 50 plus 1, also 51 mal 2, ergibt 102.

Eine Reihenmessung (🖥 www.sizegermany.de) mit über 13.000 Personen des Instituts Hohenstein, die von 2007 bis 2009 durchgeführt wurde, bestätigt die Vermutung, dass die Menschen in den letzten Jahrzehnten größer und hüftstärker geworden sind.

Da die beauftragenden Unternehmen einiges in diese Messung investieren mussten, sind diese Daten öffentlich nicht zugänglich …

So gibt es weiterhin keine Normung und die Größenangaben variieren nicht unerheblich von Hersteller zu Hersteller!

Herren-Größen-Tabelle:

Herren							
Normalgröße	*46*	*48*	*50*	*52*	*54*	*56*	*58*
Unisex	S	M	L	L	XL	XL	XXL
Körpergröße	168-173	171-176	174-179	177-182	180-184	182-186	184-188
Brustumfang	90-93	94-97	98-101	102-105	106-109	110-113	114-117
Taillenumfang	78-81	82-85	86-89	90-94	95-99	100-104	105-109
Seitenlänge	102-104	103-106	105-108	107-109	108-110	109-112	111-114
Schrittlänge	81	82	83	84	85	86	87
Ärmellänge	64	65	66	67	68	69	70

Kurzgröße	*23*	*24*	*25*	*26*	*27*	*28*	*29*
Körpergröße	163-167	166-180	169-173	172-176	175-178	177-180	179-182
Brustumfang	90-93	94-97	98-101	102-105	106-109	110-113	114-117
Taillenumfang	82-85	86-89	90-93	94-97	98-101	102-107	108-111
Seitenlänge	97-100	99-102	101-104	103-105	104-107	105-108	107-110
Schrittlänge	76	77	78	79	80	81	82
Ärmellänge	60	61	62	63	64	65	66

Schlanke Größe	*94*	*98*	*102*	*106*	*110*	*114*	*118*
Körpergröße	180-184	182-186	184-188	187-191	190-194	193-197	196-200
Brustumfang	91-94	95-98	99-102	103-106	107-110	111-114	115-119
Taillenumfang	78-81	82-85	86-89	90-94	95-99	100-104	105-109
Seitenlänge	108-110	109-112	111-113	112-115	114-116	115-117	116-118
Schrittlänge	86	87	88	89	90	91	92

Hemden-Größen Tabelle:

Hemden	XS	S	M	L	XL	XXL	XXL
Kragenweite	35/36	37/38	39/40	41/42	43/44	45/46	47/48
Oberweite	104	112	118	126	132	140	146
Taillenweite	100	106	112	122	132	140	148

Damen-Größen-Tabelle:

Damen								
Normalgröße	32	34	36	38	40	42	44	46
Unisex	XXS	XS	S	M	M	L	XL	XXL
Körpergröße	164-174	164-174	164-174	164-174	164-174	164-174	164-174	164-174
Brustumfang	75-77	78-81	82-85	86-89	90-93	94-97	98-102	103-107
Taillenumfang	60-62	63-65	66-69	70-73	74-77	78-81	82-85	86-90
Hüftumfang	85-87	88-91	92-95	96-98	99-101	102-104	105-108	106-112
Seitenlänge	104	105	105	106	106	107	108	108
Schrittlänge	77	78	78	79	79	81	82	82
Ärmellänge	58	59	59	60	60	61	62	62
Kurzgröße	16	17	18	19	20	21	22	23
Seitenlänge	98	99	99	100	100	101	101	102
Schrittlänge	73	74	74	75	75	76	76	77
Schlanke Größe	64	68	72	76	80	84	88	92
Seitenlänge	110	111	111	111	112	112	113	113
Schrittlänge	82	83	83	83	84	84	85	85
Amerikanische Größe	2	4	6	8	10	12	14	16
Englische Größe	6	8	10	12	14	16	18	20

☺   Generell gilt, dass das Maßband beim Messen der Weiten an Brust, Taille, Hüfte locker anliegen sollte. Alle Maßangaben in den Tabellen in cm.

▷   Messung des Kopfumfangs: Oberhalb der Ohren (= Stelle des größten Kopfumfangs)

▷   Messung des Halsumfangs: ca. 2 cm unterhalb des Kehlkopfes

▷ Messung des Brustumfangs: Direkt unterhalb der Arme quer über die Schulterblätter (= Stelle des größten Brustumfangs)

▷ Messung des Taillenumfangs: Umfang der normalen Gürtellinie zwischen den unteren Rippen und Oberkante der Hüftknochen

▷ Messung des Hüftumfangs: Im Stand an der Stelle des größten Hüftumfangs

▷ Messung der Schrittlänge(Innenbeinlänge): Länge vom Schritt bis unter die Fußgelenkknochen (Boden)

▷ Messung der Seitenlänge: Von der Taille bis unter die Fußgelenkknochen

▷ Messung der Armlänge: Den Ellbogen anwinkeln und dann von der Halsmitte (Rücken) über den Ellbogen bis über den Handgelenkknochen

▷ Messung des Handumfanges: über die Knöchel der geöffneten rechten Hand (ohne Daumen)

Bekleidungspflege

Bekleidung muss regelmäßig gewaschen und behandelt werden. Nicht nur um groben Dreck und oberflächliche Verschmutzungen zu entfernen, sondern auch um die Funktionalität der modernen Fasern und Membranen zu gewährleisten, da Schmutzpartikel Wasser binden können. Dies betrifft nicht nur Unterwäsche und Socken, sondern auch die wärmende Fleeceschicht, die Softshells und die Wetterschutzbekleidung.

▷ Generell sollte man die **Maschinenwäsche** der Handwäsche vorziehen. In einer Waschmaschine werden die Inhaltsstoffe gleichmäßiger verteilt und durch die stärkere mechanische Bewegung in der Trommel dringen sie besser in die Gewebe ein. Nahezu alle Outdoor-Bekleidungsstücke können in einem Warmwasser-Schonwaschgang (30°C oder 40°C) gereinigt werden. Das Pflegeetikett in der Kleidung gibt Auskunft über den notwendigen Waschgang!

▷ Die Hersteller kennzeichnen ihre Artikel freiwillig mit international gültigen **Pflegeetiketten**. Für die Pflege von Outdoor-Artikeln sind fünf Zeichen von Bedeutung: ☞

◆ Der **Waschzuber** zeigt an, bei welcher Temperatur gewaschen werden kann. Zusätzlicher Text unter dem Symbol gibt Auskunft über weitere Maßnahmen, die eventuell berücksichtigt werden müssen. Generell wird mit einem Strich unter dem Waschzuber eine vorsichtige Reinigung, beispielsweise im Schonwaschgang, gekennzeichnet.

◆ Ein Symbol, das allerdings bei Outdoor-Bekleidung selten zu finden sein wird, ist ein **Dreieck**. Es zeigt an, ob ein Bleichen zugelassen ist.

◆ Das **Bügeleisen** gibt Auskunft darüber, ob das Bekleidungsstück gebügelt werden kann. Die zugelassene Temperatur wird durch mehr oder weniger Punkte im Bügeleisen angezeigt.

◆ Ein **Kreis in einem Viereck** informiert darüber, ob das Bekleidungsstück im Wäschetrockner getrocknet werden kann. Die Anzahl an Punkten im Kreis gibt auch in diesem Fall Auskunft über die zulässige Temperatur.

◆ Der **Kreis** gibt Auskunft, ob das Bekleidungsstück einer professionellen (meist chemischen) Reinigung unterzogen werden muss oder darf.

F steht für Kohlenwasserstofflösungsmittel

P steht für Perchlorethylen

W steht für Nasswäsche

▷ Vor dem Waschen sollten alle vorderen **Reißverschlüsse geschlossen** und Ärmel- und Beinabschlüsse miteinander **verbunden** werden. Hierdurch wird verhindert, dass sich das Bekleidungsstück von innen nach außen dreht und somit die Wasch- oder Imprägnierungsmittel nicht mehr so gut an die Außenseite der Kleidungsstücke kommen. **Klett-**

verschlüsse an Kleidungstücken sollte man **verschließen**, da sie sonst während des Waschganges stark scheuern und so den Stoff beschädigen können.

▷ **Immer** ein entsprechendes **Spezial-Waschmittel** benutzen. Für die unterschiedlichsten Materialien wurden spezielle Reinigungsmittel entwickelt. Gewöhnliche Reinigungsmittel enthalten oft Komponenten, deren Rückstände im Gewebe anfangen Wasser zu ziehen.

✋ **Niemals Weichspüler verwenden!**

▷ Kunstfaserunterwäsche oder wärmende Fleecewäsche kann nach dem Schleudern aufgehängt werden und trocknet innerhalb kürzester Zeit. Oberbekleidung mit Laminaten kann zum schnelleren Trocknen auch **je nach Herstellerempfehlung** im Trockner getrocknet werden.

Imprägnieren von Oberbekleidung

Nach der Tragezeit von 2 bis 4 Wäschen sollte Oberbekleidung **nachimprägniert** werden. Die Fasern müssen sauber sein - vorher also das Kleidungsstück waschen.

▷ Für eine **Wasch-Imprägnierung** einen erneuten, längstmöglichen Waschgang bei korrekter Temperatur starten. Das Imprägnierungsmittel gut schütteln - sehr wichtig! - und dann die erforderliche Menge in das Waschmittelfach einfüllen. Den Waschgang einige Minuten laufen lassen, um das Imprägniermittel gleichmäßig im Waschwasser zu verteilen und das Waschwasser auf die gewünschte Temperatur zu bringen.

▷ Anschließend wird das Programm für ungefähr 15 bis 20 Minuten **gestoppt**, damit das Imprägniermittel ausgiebig auf die zu imprägnierenden Wäschestücke einwirken kann. Nach dieser Einwirkzeit das restliche Programm ablaufen lassen.

▷ Die **Sprayimprägnierungen** werden auf die gewaschene, noch feuchte Jacke aufgesprüht. Hier ist ein punktuelles Arbeiten sinnvoll - Schultern, Kapuze, Front, Ärmeloberseiten stärker, Flanken und Ärmelunterseiten weniger.

▷   Um das Imprägniermittel fest mit dem Gewebe zu verbinden, sollten
    die Bekleidung im **Trockner** möglichst heiß getrocknet werden. Aber
    unbedingt die **Angaben** auf der **Pflegeanweisung beachten!**

Daunenpflege

Verschmutzte Daunenbekleidung verliert ihre **Isolierfähigkeit**, weil die feinen
Daunen verklumpen. Bei der Daunenpflege müssen die **Anweisungen** auf den
Pflegeetiketten unbedingt **befolgt werden!**

▷   Es gibt spezielle **Waschmittel** für Daunenartikel, die den Loft der
    Daunen erhalten. Daunenbekleidung und Schlafsäcke mit einem
    Füllgewicht von etwa 400 g können in einer normalen Frontlader-
    Waschmaschine im Schonwaschgang gewaschen werden. Toplader-
    Waschmaschinen können die Daunenartikel beschädigen! Waschanlei-
    tung in der Kleidung und Dosierungsangaben auf der Verpackung des
    Waschmittels berücksichtigen.

▷   Beim Waschen von großen Daunenartikeln (mehr als 400 g Daunen-
    füllung) oder von alten Daunenartikeln mit schwachen Nähten wird
    eine Badewanne 4 bis 8 cm hoch mit warmem Wasser gefüllt und
    ungefähr 300 ml des Daunenwaschmittels hinzugegeben. Das Wasch-
    mittel wird gut im Waschwasser verteilt und dann die zu waschenden
    Artikel hineingelegt. Kneten Sie die Kleidungsstücke mit der Hand im
    Wasser gut durch, damit die Daunen im Inneren der Kleidungsstücke
    auch wirklich benetzt sind. Nun werden die Artikel 15 bis 20 Min. in
    diesem Reinigungsbad liegen gelassen.
    Schließlich wird das Waschwasser abgelassen und anschließend der
    größte Teil des Seifenwassers aus den Daunenartikeln herausgedrückt.
    Daraufhin müssen die Daunenartikel dreimal gründlich mit warmem
    Wasser gespült werden, um die Seifenlauge gänzlich zu entfernen.

▷   Die Daunenartikel werden jetzt über eine Leine gehängt, damit das
    Wasser abtropfen kann. Drücken Sie das Wasser vorsichtig mit der
    flachen Hand heraus, nicht kneten! Alternativ können Sie die Daunen-
    artikel auch in einem Trockner geben. Legen Sie ein bis drei Tennis-
    bälle mit hinein, um den Daunenartikel durchzuwalken. Achten Sie
    darauf, dass die **Temperaturangabe** des **Etiketts** mit der **Temperatur-
    einstellung** des **Trockners** überein stimmt!

Imprägnierung von Daunenartikeln

Die Imprägnierung muss im feuchten Zustand vorgenommen werden. Kleine Daunenartikel können in der Waschmaschine nachimprägniert werden. Die **Anleitung** auf der Flasche des **Imprägnierungsmittels** ist unbedingt zu **beachten**.

▷ Größere Stücke und Artikel mit schwachen Nähten müssen wieder in der Badewanne behandelt werden. Je nach Größe des Daunenartikels zwischen 450 und 600 ml des Daunenimprägnierungsmittels in eine mit ungefähr 5 cm warmem Wasser gefüllte Badewanne geben und gleichmäßig verteilen. Den feuchten Daunenartikel hinzulegen und das Imprägnierungsmittel mit den Händen einarbeiten. Anschließend noch einmal ungefähr 5 cm warmes Wasser in die Badewanne laufen lassen. Dann das Imprägnierungsmittel ungefähr 10 bis 15 Minuten einwirken lassen.

▷ Gelegentliches vorsichtigen Hin- und Herbewegen des Daunenartikels erhöht die Wirkung. Danach die Imprägnierlösung ablaufen lassen und solang mit klarem, warmen Wasser spülen, bis kein milchiges Imprägnierungsmittel mehr aus dem Daunenartikel hinausläuft. Die Daunenartikel auf eine Leine hängen, damit das Wasser abtropfen kann.

🖐 Anmerkung: Bei Daunenartikeln mit einem atmungsaktiven Oberstoff, vor allem Daunenjacken, wird durch die komplette Imprägnierung die Atmungsaktivität reduziert. Hier ist die Sprühimprägnierung vorzuziehen, die aber nicht die Qualität der Nassimprägnierung besitzt.

☺ Das Imprägniermittel wirkt optimal, wenn die Daunenartikel anschließend in einem Wäschetrockner getrocknet werden können.

Trocknung von Daunenartikeln

Wenn das meiste Wassers abgetropft ist, können Daunenartikel sogar in Wäscheschleudern geschleudert werden.

▷ Achten Sie aber darauf, dass der erste Schleudergang nur mit einer geringen Drehzahl gefahren wird. Der zweite Schleudergang kann darauf mit mittlerer Drehzahl benutzt werden, bis dann in einem dritten Schleudergang das Wasser mit größtmöglicher Drehzahl abgeschleudert wird.

▷ Danach den Daunenartikel möglichst gleichmäßig im Wäschetrockner verteilen, drei Tennisbälle hinzu geben und den Trockner starten. Bei großen Daunenartikeln kann es erforderlich sein, die Trocknung in großen Gewerbewäschetrocknern durchzuführen. Selbst mit solchen großen Wäschetrocknern muss mit einer Trockenzeit von 2 bis 3 Std. gerechnet werden.

▷ Nach der Trocknung im Wäschetrockner sollte der Daunenartikel unbedingt noch 2 bis 3 Tage an einem gut belüfteten Ort zum Nachtrocknen aufgehängt werden. Wenn die Sachen in Ihren Haushaltswäschetrockner passen, können Sie sie zwischendurch immer mal wieder kurz darin nachtrocknen, die Daunen werden wesentlich lockerer. Danach können sie im Kleiderschrank aufgehängt oder in einem luftigen Sack verstaut werden.

Weitere Bekleidung

Kopfbedeckung und Gesichtsmasken

Wenn einem der Wind so richtig um die Ohren pfeift, weiß man ein gutes Mützchen sehr zu schätzen.

▷ Kopfbedeckungen tragen viel zum körperlichen Wohlbefinden bei, denn über den Kopf verliert der Körper rund **ein Drittel an Körperwärme**. Daher muss die Kopfbedeckung die gleichen funktionellen Eigenschaften aufweisen, wie andere Bekleidung, die dem Wetterschutz dient: Sie muss aus winddichtem, wasserabweisendem und atmungsaktivem Material bestehen. Durch die besseren Materialeigenschaften sind Kopfbedeckungen aus synthetischen Materialien Kopfbedeckungen aus natürlichen Materialien vorzuziehen. Sie sind leichter, haben ein kleineres Packvolumen, nehmen weniger Wasser auf und trocknen wesentlich schneller.

▷ Funktionelle Kopfbedeckungen müssen gut auf dem Kopf **sitzen** und auch bei stärkeren Bewegungen kritische Stellen, wie Stirn und Ohren gut abdecken. Aufwendige Modelle besitzen Verstellmöglichkeiten, wie Gummizüge oder Klettverschlüsse, um die Passform zu verbessern und so besser zu halten.

▷ Je nach Einsatzzweck muss die Kopfbedeckung **variabel** sein, sodass mehr oder weniger große Bereiche des Kopfes abgedeckt werden können. Eine Kopfbedeckung, die für alle Bereiche geeignet ist, gibt es nicht, sodass zumeist zwei oder gar drei verschiedene Modelle im Rucksack eingepackt werden müssen.

▷ Viele Funktionsjacken haben heute eine Kapuze, die wind- und wasserdicht und oft auch als Kopfbedeckung ausreichend ist. Für widrige Bedingungen sollte man aber immer eine zusätzliche Kopfbedeckung dabei haben.

◆ Die einfachste Variante ist sicherlich ein **Stirnband**. Ist es breit genug, dass es Ohren und Stirn gut abdeckt, kann es sehr gute Dienste leisten. Modelle mit integriertem Sonnenschirm sind inzwischen auch erhältlich.

◆ Lässt die Haarpracht etwas zu wünschen übrig und besteht daher die Gefahr von Sonnenbrand auf der Glatze, sollte man(n) eine leichte **Schirmmütze** aufsetzen. Für Brillenträger sind diese Schildmützen bei leichtem Regen ebenfalls sehr empfehlenswert, denn die Brille bleibt relativ trocken.

◆ Für Hochgebirgs- oder Wüstenexpeditionen gibt es Schirmmützen mit **Nackenschutz** in Form eines großen Tuches. Bei aufwendig gearbeiteten Modellen kann der Nackenschutz, der mittels Druckknöpfen oder Klett an der Kappe befestigt ist, abgenommen werden, wenn er nicht benötigt wird.

◆ Als reinen Sonnenschutz kann man sich **Piratenkopftücher** oder Bandanas um den Kopf winden. Diese Tücher sehen cool aus, sind leicht, sitzen gut, sind vielseitig verwendbar, wiegen wenig und brauchen kaum Platz.

◆ Wahre Verwandlungskünstler sind Schlauchgewebe aus Kunstfasern, sogenannte **Buffs** und **Heads**. Dieses Schlauchgewebe kann als Halstuch, Stirnband, Kopftuch oder Mütze verwendet werden. Es braucht kaum Platz, wiegt nichts und bietet alle Vorteile moderner Kunstfasern.

♦   **Wintermützen** gibt es in verschiedenen Materialstärken. Modelle mit winddichter Ausstattung setzen sich immer mehr durch. Gute Mützen müssen sicher sitzen und dürfen auch bei stärkerer Bewegung nicht verrutschen - deshalb haben viele Modelle Schnurzüge mit Tankas oder Klettriemen zum Anpassen. Funktionelle Mützen für kalte und widrige Wetterbedingungen müssen die Ohren und die Stirn abdecken. Zusätzliche Aufdopplungen im Ohrenbereich verbessern die Wärmeisolierung. Teilweise können die Ohrenklappen unter dem Kinn fixiert werden, sodass die Mütze bombenfest auf dem Kopf sitzt. Bei einigen Modellen können die Ohrenklappen, wenn sie nicht benötigt werden, hochgeklappt werden.

♦   Unter Extrembedingungen, wie z.B. beim Bankraub, werden fast immer **Sturmhauben (Balaclavas)** eingesetzt. Diese Hauben werden komplett über den Kopf gezogen, decken den Hals vollständig ab und werden tief in den Kragen gesteckt. Im Gesicht bleibt nur noch ein Sehschlitz frei, der gegebenenfalls auch noch mit einer Skibrille abgedeckt werden kann.

Mützengrößen

Generell gilt, dass auch bei Messen des Kopfumfanges das Maßband locker anliegen sollte. Messung des Kopfumfangs: Oberhalb der Ohren (= Stelle des größten Kopfumfangs).

Mützen	XS	S	M	L	XL	XXL	
Kopfumfang in cm	52/53	54/55	56/57	58/59	60/61	62/63	

US-Kappen	1	2	3	4	5	6	7
Kopfumfang in cm	54	55	56	57	58	59	60

Handschuhe

Jeder, der sich seine Finger schon mal angefroren hat, weiß gute Handschuhe zu schätzen. Handschuhe sollen primär vor Kälte und Nässe sowie vor Verletzungen schützen.

Gerade im Outdoor Bereich müssen Handschuhe aber auch funktionell sein und trotzdem die erforderliche Bewegungsfreiheit bieten. Da bei den einzelnen Aktivitäten wie Felsklettern, Klettersteigen, Eisklettern, Skitouren, Hochgebirgsexpeditionen unterschiedliche Funktionen erforderlich sind, wurden die Handschuhe an die jeweiligen Ansprüche angepasst.

Im Lauf der Zeit haben sich bei Handschuhen zwei prinzipielle Funktionsschwerpunkte durchgesetzt.

Schwerpunkt Bewegungsfreiheit

Überall wo Fingerspitzengefühl und Beweglichkeit erforderlich ist, benutzt man am besten Fingerhandschuhe. Sie sollten aus relativ dünnem und winddichtem Material bestehen.

▷ Fürs **Felsklettern** sollten die Fingerhandschuhe mit wegklappbaren Fingerkuppen versehen sein - entweder als „Fäustelmodell" oder als Dreifingerhandschuh, dessen Fertigung allerdings aufwendiger ist - die viel Bewegungsfreiheit und viel Gefühl für das Hantieren mit Seil und Sicherungsmitteln bieten. Dünnes Material und idealerweise Beugefalten auf dem Handrücken stellen die Bewegungsfreiheit sicher. Ein scheuerfester Besatz an der Handinnenfläche und der Daumenkuhle erhöht nicht nur die Lebensdauer des Handschuhs, sondern ermöglicht auch festes Zupacken am Seil bei der Kameradensicherung.

▷ Beim **Eisklettern** wird die Bewegungsfreiheit bei gleichzeitigem Kälteschutz durch Neopren-Fingerhandschuhe sichergestellt.

▷ Wer gerne auf **Klettersteigen** unterwegs ist, muss auf Bewegungsfreiheit und auf guten Schutz vor Verletzungen achten. Fingerhandschuhe, die für Klettersteige verwendet werden, sollten dicke Polsterungen an Knöcheln und Fingerkuppen besitzen. Der Scheuerschutz an der Handinnenfläche und Daumenkuhle (Stahlseil!) sollte durch einen möglichst großflächigen Besatz sichergestellt sein. Durch diese großflächigen Polsterungen werden die Handschuhe etwas steif. Der Scheuerschutz sollte nicht aus Leder, das bei Nässe glitschig wird, sondern aus gummiartigen Materialien oder gar Kevlar-verstärktem Gewebe bestehen.

Schwerpunkt Wärmeschutz

Wer sich bei seinen Outdoor-Aktivitäten nicht nur auf ein- oder zwei Teilgebiete reduzieren möchte, der hat schnell mehrere Handschuhmodelle im

Kleiderschrank liegen. Unter dem Aspekt „Wärmeschutz" hat sich auch bei Handschuhen das Zwiebelprinzip durchgesetzt, das zudem preisgünstiger ist.

▷ Die Basis sind dünne **Fingerhandschuhe** zum Unterziehen. Bei trockenen Bedingungen haben sich feine Handschuhe aus Seide oder Thinsulate bewährt. Selbst bei Hochgebirgsexpeditionen bieten diese Handschuhe soweit Schutz vor Erfrierungen, dass man Überhandschuhe kurz ausziehen kann, um Arbeiten durchzuführen, die Fingerspitzengefühl voraussetzen.

▷ Als zweite Lage werden darüber **Fleece-Handschuhe** angezogen. Dicke Fleece-Fingerhandschuhe aus winddichtem Material stellen für viele Aktivitäten einen guten Kompromiss zwischen Wärmeschutz und ausreichender Bewegungsfreiheit dar, beispielsweise beim Hantieren mit dem Seil oder dem Eindrehen von Eisschrauben. Wenn diese Handschuhe einen rutschfesten Besatz an der Handinnenfläche und der Daumenkuhle besitzen, ist ein fester Griff von Pickel, Seil und Skistock sichergestellt. Die Fleece-Handschuhe sollten lange Stulpen haben, wenn darüber noch Überhandschuhe angezogen werden. Damit wird der Tragekomfort erhöht, weil die Überhandschuhe meist aus groben Materialien bestehen, die eher unangenehm auf der Haut sind. Für kalte Außenbedingungen kann die mittlere Handschuhlage auch gleich als **Fäustling** ausgelegt sein. Fingerhandschuhe haben den Nachteil, dass die einzelnen Finger gegeneinander isoliert sind. In Fäustlingen können sich die Finger gegenseitig wärmen.

Die Fäustlinge als klassische Variante müssen nicht unbedingt aus Fleece gefertigt sein. Sie werden auch heute noch aus gewalkter Wolle, „Schladminger Wolle", gefertigt. Die gewalkte Wolle hat den Vorteil, dass sie auch in nassem Zustand noch wärmt. Bei modernen Handschuhen haben sich Modelle mit atmungsaktivem GORE-TEX® und event in Kombination mit herausnehmbaren und winddichten Innenhandschuhen durchgesetzt. Ein Spezialfall für sehr kalte Unternehmungen sind Daunenfäustlinge, die aus einem wasser- und winddichten Außenmaterial gearbeitet sind. Sie sind allerdings nur für technisch relativ anspruchslose Unternehmungen einsetzbar.

▷   Bei widrigen Bedingungen kann über diese mittleren Handschuhe ein **Überhandschuh** aus wasser- und winddichtem Material als Wetterschutz angezogen werden. Gerade diese Überhandschuhe sollten robust gearbeitet sein, beispielsweise aus Cordura als Außenmaterial und mit guten Besätzen. Je nach Einsatzzweck muss man entscheiden, ob man einen Fäustling oder einen Fingerhandschuh als Überhandschuh benutzt. Ein Fäustling ist nur zu vertreten, wenn die Outdoor-Aktivität technisch nicht sehr anspruchsvoll ist, beispielsweise für leichte Gletschertouren oder Skitouren, da Fäustlinge ein feinfühliges Arbeiten kaum noch zulassen.

Die zumeist recht großen Überhandschuhe müssen einige Details aufweisen. Ein elastisches Band am Handgelenk muss guten Sitz gewährleisten. Ein Klettverschluss am Handgelenk kann bei Vereisung schnell unbrauchbar werden. Eine lange Stulpe ist bei Überhandschuhen ein absolutes Muss, damit kein Schnee eindringen kann. Diese Stulpe muss so gefertigt sein, dass sie über isolierende Bekleidungsschichten gezogen werden und dann mit einem Schnürzug fixiert werden kann. Da Arbeiten mit Fäustlings-Überhandschuhen sehr umständlich ist, muss dieser Schnurzug so groß ausfallen, dass er mit Fäustlingen, besser noch mit den Zähnen bedient werden kann.

▷   Bei technisch anspruchsvolleren Aktivitäten, die Fingerspitzengefühl erfordern, sollte man bei allen drei Schichten ein aufeinander abgestimmtes System aus Fingerhandschuhen einsetzen. Dies ist zwar relativ teuer, aber nur ein komplett aufeinander abgestimmtes **Zwiebelprinzip** stellt bei Fingerhandschuhen ausreichendes Fingerspitzengefühl und gute Wärmeisolation sicher.

▷   Damit die einzelnen Handschuhschichten beim Ablegen nicht vom Wind weggeblasen werden, müssen die Innenhandschuhe am Überhandschuh und dieser wiederum am Handgelenk oder besser noch an der Jacke gesichert werden können.

Handschuhgrößen

Messung des Handumfangs: An der flachen rechten Hand über die Knöchel, ohne Daumen.

☞ Tabelle, folgende Seite

Handschuhgrößen																	
Größe	2	3	3,5	4	4,5	5	5,5	6	6,5	7	7,5	8	8,5	9	9,5	10	11
Kinder	XS	XS	S	S	M	M	L		L	XL	XL						
Damen					XS	XS	S		S	M	M		L	L	XL	XL	
Herren										S		S	M	M	L		L	XL	XXL
Handumfang	13	14	14,5	15	15,5	16	16,5	17,5	18	19	20,5	22	23	24	26	27	29

Socken

Socken tragen ganz entscheidend zu Freud oder Leid auf einer Tour bei. Schon mancher hat erfahren müssen, dass falsche Socken zu Blasen führen können, die dann eine Tour ganz schnell zu einer Tortur machen. Allerdings sind die Anforderung an Socken ganz schön hoch: Sie sollen verschiedene Temperaturen ausgleichen, sollen wärmen, oder gegebenenfalls auch noch kühlen und vor allen Dingen sollen sie den Fuß trocken halten. Und dabei sind Füße die am dichtesten mit Schweißdrüsen besetzten Körperteile.

Feuchte Füße sind wesentlich reibungsempfindlicher und neigen schneller zu Blasenbildung. Außerdem kühlen sie wesentlich schneller aus.

Wandersocken sollen anatomisch auf den Fuß zugeschnitten sein und auch eine Rechts/Links Unterscheidung machen. Sie müssen nahtlos verarbeitet und an den Problemzonen wie Zehen und Fersen entsprechend verstärkt sein.

☺ Generell gilt: Je weniger Nähte ein Socken besitzt, desto geringer ist die Gefahr von Druckstellen.

Nachdem in den letzten Kapiteln so viel über die Vorzüge von Kunstfasern gesprochen wurde, ist klar, dass moderne Wandersocken heute hauptsächlich aus funktionellen Kunstfasern hergestellt werden. Bei Socken gelten die gleichen Funktionsprinzipien wie bei Unterwäsche. Feuchtigkeit wird von der Haut weg transportiert und das Luftpolster, das durch die Anordnung der Kunstfasern entsteht, wärmt gleichzeitig. Ein gewisser Anteil an Wolle erhöht zwar die Isolierung und wärmt zusätzlich, wenn es aber um Feuchtigkeitstransport geht, sind die modernen Fasern eindeutig im Vorteil.

Die Firma Wright Sock hat das Zwiebelprinzip bei Socken aufgegriffen und perfektioniert - Innen- und Außensocken sind miteinander vernäht. Dies verhindert die Faltenbildung und wirkt Blasenbildung entgegen.

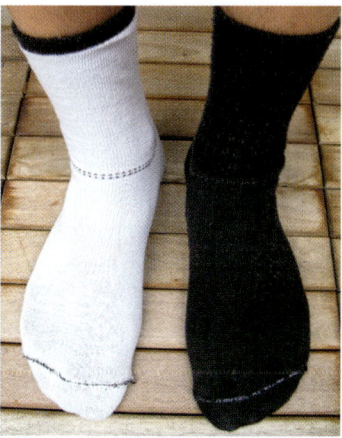

Der unbehandelte weiße Innensocken ist zur Veranschaulichung auf links gezogen.

▷ Ob die Socken solo oder im Zwiebelprinzip getragen werden ist eine Glaubensfrage! Wer sich für das **Zwiebelprinzip** entscheidet, beachte Folgendes: Über eine dünne Socke aus Kunstfasern oder Seide wird eine dickere mit wärmenden und abpolsternden Funktionen angezogen. Wichtig ist dabei, dass die beiden Paar Socken **faltenfrei** übereinander sitzen. Die vom Fuß wegtransportierte Feuchtigkeit wird teilweise vom Innenfutter des Schuhs aufgenommen, teilweise kann sie auch nach außen abgeleitet werden. Moderne Schuhe mit Membranen unterstützen diesen Prozess durch ihre Dampfdurchlässigkeit, allerdings muss das notwendige Temperaturgefälle vorliegen.

▷ Durch zusätzlichen Kunstfaserplüsch schützen gute Socken darüber hinaus kritische Stellen wie Ferse, Ballen und Zehen vor Druckstellen. Wichtig ist dabei, dass der Übergang von gepolsterten zu den nicht-gepolsterten Bereichen nicht zu abrupt erfolgt, weil es sonst genau an diesen Übergängen zu Druckstellen am Fuß kommen kann.

▷ Wie bei der Bekleidung ist die Funktion auch bei den Socken nur gewährleistet, wenn sie gut an den Füßen sitzen. Vor allem beim Bergabgehen müssen sie faltenfrei sitzen. Die Socken lieber eine Nummer zu klein als zu groß wählen, um jegliche Faltenbildung zu vermeiden. Bei eng anliegenden Socken ist darauf zu achten, dass die Ferse exakt an der richtigen Stelle sitzt.

✋ Zu enge Socken können zu Druckstellen am Fuß führen. Wenn zwei Paar zu dicke Socken übereinander angezogen werden, kann es Problemstellen geben, weil der notwendige Bewegungsspielraum im Schuh mit Sockenmaterial vollgestopft ist.

☺ Kunstfasern neigen zu Geruchsbildung und vor allem bei Socken kann diese Geruchsbildung (sog. Käsemauken) z.B. bei Hüttenübernachtung ziemlich schnell zu begeistertem Beifall bei den leidgeplagten Mitbewohnern führen. Geruch ist das Resultat von Bakterien und Pilzen, die sich im feuchtwarmen Klima von Schuhen besonders stark vermehren können.

Die Firma Acordis hat dagegen eine antimikrobielle Faser entwickelt. In dieser Amicor-Faser ist ein antimikrobieller Wirkstoff dauerhaft - bis zu 200 Waschvorgänge - gespeichert, der das Wachstum von Bakterien und damit das Entstehen von Fußgeruch unterdrückt, welcher leider nur recht selten zum Einsatz kommt. Wesentlich häufiger werden Silberfäden und ein Anteil von Merino-Wolle verarbeitet, um der Geruchsbildung entgegenzuwirken.

Sockengrößen - Wechselbeziehung zwischen Schuh- und Sockengröße								
Schuh	34/35	36	37/38	39	40/41	42	43/44	45/46	47/48
Socken	8½	9	9½	10	10½	11	11½	12	12½

Gamaschen

Gamaschen sollen den offenen Bereich zwischen Hosenabschluss und Schuh überdecken, damit dort keine Nässe, Dreck oder Schnee in die Schuhe kommen kann. Länger geschnittene Modelle sollen zusätzlich die Wade vor Kälte oder Verletzungen schützen. Die Angebotspalette reicht von einfachen Wandergamaschen bis zu gefütterten Expeditionsgamaschen.

▷ Gamaschen müssen gut **sitzen** und am Schuh und am Bein eine saubere **Abdichtung** haben. Sie dürfen nicht zu groß sein, weil man sich an überflüssigen Falten an der Innenseite, grade beim Gehen mit Steigeisen, verhaken und so stürzen kann. Sie dürfen aber auch nicht zu eng sein, weil man sie sonst nur schwer schließen kann und sie dann an den Beinen drücken können.

▷ **Einfache Modelle** zum Wandern, die nur den Übergang vom Schuh zur Hose abdichten sollen, damit man nicht ständig Schnee oder kleine Steine im Schuh hat, sind mindestens am oberen und am unteren Ende mit Gummizügen fixiert. Manche Gamaschen haben noch zwei oder drei weitere Gummizüge über die Länge verteilt, damit sie gut am Bein anliegen. Um ein Hochrutschen der Gamasche zu verhindern, muss eine Schnürung unter der Schuhsohle entlang geführt sein.

Einfache Gamasche

▷ **Längere Modelle**, die am Schaft des Schuh weiter hinuntergeführt sind und bis zur Schuhspitze reichen können, werden mit Haken in die Schnürung des Schuhs eingehakt, damit sie nicht verrutschen. Die Gamaschen müssen eng am Schuh anliegen, da sonst beim Gehen z.B. Schnee unter die Gamaschen gedrückt wird und damit in die Schuhe kommt. Die Füße werden dann nass und kalt, aber genau das soll mit Gamaschen ja verhindert werden.

▷ Modelle, die zusammen mit **Steigeisen** verwendet werden, bei denen die Schnürung, unter der Sohle läuft, müssen fest zugeschnürt werden (Drahtseil oder Neopren), damit die Schnürung nicht vom Metall der Steigeisen beschädigt oder zerschnitten wird. Der Reißverschluss solcher Gamaschen muss am Schienbein und über den Fuß oder an der Außenseite des Beines verlaufen, damit auf der Innenseite des Beines die Gamasche fest und ohne Falten anliegen kann, um Verhaken in der Gamasche zu vermeiden. Diese könnte zu Stürzen führen.

▷ Gamaschen, die im **Tiefschnee** und bei kalten Bedingungen eingesetzt werden, müssen einen stabilen, groben Reißverschluss aus kältebeständigem Kunststoff besitzen, der auch mit dicken Handschuhen gut zu bedienen ist. Der Reißverschluss muss mit einer Abdecklasche mit durchgehendem Klettverschluss abgedeckt sein, damit kein Wasser eindringen kann. Druckknöpfe sind nicht geeignet, da sie sich mit Schnee oder Eis voll setzen, sodass sie sich nicht mehr zudrücken lassen.

▷   **Expeditionsgamaschen** müssen die Schuhoberseite komplett abde-cken, damit möglichst wenig Schnee direkt auf dem Schuh festklum-pen kann. Schnee auf den Schuhen lässt den Füße zusätzlich ausküh-len. Um zu wärmen, sind viele Expeditionsgamaschen noch zusätzlich mit Thinsulate gefüttert. Wichtig ist, dass die Gamaschen nicht die Absätze oder Nuten an der Schuhsohle verdecken, in denen Steig-eisen mit Kippbindung fixiert werden. Da die Gamaschen somit in den seltensten Fällen um den Schuh herumführen, können sie nur aufgrund ihrer Spannung am Schuh fixiert werden. Sie müssen dem-entsprechend eng anliegen. Einige Gamaschenhersteller führen aus diesem Grund verschiedene Größen, damit die Gamaschen mit der erforderlichen Spannung am Schuh festsitzen.

☺   Diese Gamaschen sollten entweder bereits zu Hause oder allerspätes-tens im Base Camp auf die Schuhe gezogen werden. Wer einmal mit kalten, klammen Fingern in einem Hochlager eine abgerutschte Expeditionsgama-sche, die in der Kälte dann kaum noch dehnbar ist, über einen Schuh ziehen wollte, der weiß, was das für eine Tortur ist.

☺   Um ein Abrutschen der Expeditionsgamaschen während der Tour zu vermeiden, kann man die Gamaschen direkt mit Sekundenkleber (irreversibel) oder Tourenski-Fellkleber (reversibel) an die Schalenschuhe kleben. Es gibt Expeditionsgamaschen, die im Bereich des Vorderfußes den Schuh komplett umspannen und für die Steigeisenfixierung vorne eine Kante besitzen. Solche Gamaschen können nicht abrutschen, haben allerdings den Nachteil, dass im Bereich des Vorderfußes die Profilierung des Schuhs abgedeckt wird. Gehen im Gelände ist ohne Steigeisen wesentlich angenehmer, mit solchen Gama-schen ist das aber kaum möglich, weil das Profil des Schuhes verdeckt ist.

Schuhe

Lüften nach einer langen Wanderung

Über das, was wir uns heute täglich an Schuhen unter die Füße binden, lachen sich Orthopäden so richtig ins Fäustchen - oder sie werden kreidebleich beim Anblick all der verkrüppelten Zehen, der geschädigten Bänder, Knorpel und Knochen, die zum Erstaunen der jeweiligen Modeschuhträger dann auch noch behandelt werden müssen. Bei Schuhen, die wir im täglichen Leben benutzen, steht fast ausschließlich das modische Aussehen im Vordergrund. Anatomische Feinheiten des Fußes, Dämpfung der Bewegung oder Stützung der Knöchel interessieren nur wenig.

Bei Wander- und Trekkingschuhen ist das allerdings anders. Da der Wanderer auf gesunde Füße angewiesen ist, hat sich in diesem Freizeitbereich ein ausgeprägtes Bewusstsein für gesunde und vor allem zweckmäßige Schuhe entwickelt. Wer auf Bergpfaden oder gar auf längeren Trekkingtouren unterwegs ist, der kann aus einem umfangreichen Sortiment an zweckmäßigem Schuhwerk auswählen, das von der Wandersandale bis zum Schalenschuh für Expeditionen einfach alles bietet.

Da wir Zivilisationsmenschen nicht die Hornhaut unter den Füßen haben, wie beispielsweise die Träger in Nepal oder Tibet, die sogar in den Hochgebirgsregionen des Himalaja barfuß laufen, sind wir auf Schuhe angewiesen. Sie bilden die direkte Verbindung zu dem Gelände, auf dem wir uns gerade bewegen. Bei längeren Touren trägt daher gutes Schuhwerk entscheidend zum Gelingen bei.

Das heißt aber im Klartext, dass man sich genau überlegen muss, für welche Aktivitäten die Schuhe gedacht sind, um aus dem riesigen Angebot die Richtigen auszuwählen.

Anforderungen an einen guten Schuh

▷   Er muss passen. Nur ein Schuh, der sich wie eine zweite Haut an den Fuß anpasst, bietet genügend Halt und Komfort. Ist das Volumen zu groß, gibt es Scheuerstellen. Ist der Schuh zu eng, bekommt man Druckstellen oder eingeschlafene Füße, weil die Blutzirkulation abgedrückt wird.

▷   Er muss stabil sein, um dem Fuß einen guten Halt zu bieten. Der Schaft muss den Knöchel stützen, um ein sicheres Gehen im Gelände zu ermöglichen und Verletzungen durch Umknicken zu vermeiden. Die Fersenbox muss die Ferse halten, damit sie beim Gehen nicht hoch rutscht und man dadurch Blasen bekommt. Allerdings darf die Fersenbox an keiner Stelle drücken. Die Zehenkappe soll den Zehen so viel Raum geben, das sie weder vorne, noch an der Seite und auch nicht oben anstoßen. Über die Schnürung kann die Passform im kleinen Rahmen noch reguliert werden.

▷ Er soll fest genug sein, um Verletzungen durch Stoßen an Steinen oder ähnlichem zu verhindern. Vor allem bei Wander- und Trekkingstiefeln hilft ein Wetterschutzrand den Schuh fest und stabil zu halten.

▷ Er soll die Nässe von außen abhalten, zugleich aber Körperfeuchtigkeit von innen entweichen lassen.

Hier helfen Funktionsmaterialien, um diese Atmungsaktivität in einem gewissen Rahmen zu leisten, allerdings muss hier ein bestimmtes Temperaturgefälle vorausgesetzt werden.

▷ Er muss einen sicheren Kontakt zum Boden herstellen.

Die Sohle soll stabil und verwindungssteif sein. Trotzdem soll sie so flexibel sein, dass der Fuß beim Gehen geschmeidig abrollen kann. Die Sohle soll eine gewisse Dämpfung auf harten Untergrund geben. Ein tiefes und griffiges Profil soll einen guten Griff auf rutschigen Wegen und im weglosen Gelände geben.

Aufbau

Ein Schuh besteht einfach gesagt aus der Sohle, dem Schaft - falls vorhanden -, der Zunge und der Schnürung.

Schaft

Bei festen Wanderschuhen findet man meist einen halbhohen, gepolsterten Schaft, der den Knöchel umschließt. Damit sollen Knöchel und Gelenk geschützt und gestützt werden und so Verletzungen durch Umknicken des Knöchel vor allem in unwegsamem Gelände oder auf Geröllfeldern vermieden werden. Außerdem soll er durch seine Höhe verhindern, dass Schmutz oder Wasser in den Schuh kommen.

Der Schaft kann entweder ganz aus Leder oder aus synthetischen Materialien, wie z.B. Cordura, teilweise mit Ledereinsätzen verstärkt, bestehen.

Bei Schuhen für anspruchsvollere Unternehmungen werden Materialien zur
Verstärkung in den Schaft eingearbeitet. Spezielle Polstermaterialien sollen
hohe Luftdurchlässigkeit garantieren und gleichzeitig ausreichende Polsterung gewährleisten, um so ein angenehmes Gehen zu ermöglichen. Sogenannte intelligente Schaummaterialien werden über die Körpertemperatur
angewärmt und passen sich dann dem Fuß exakt an.

Schnitt durch einen Wanderschuh

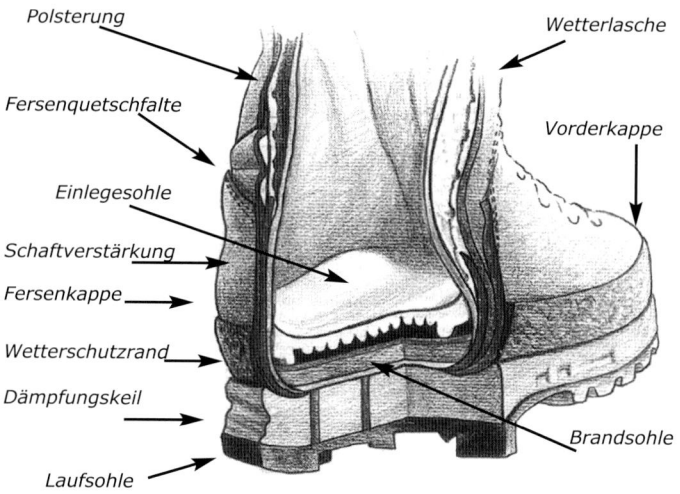

Zunge

Die Zunge oder Lasche ist gepolstert, damit Druckstellen am Spann vermieden werden. Durch asymmetrische Form soll sie noch exakter am Rist anliegen. Sie soll nach dem Schnüren fest und faltenfrei am Spann anliegen. Größere Faltlaschen aus dünnem Leder, sogenannte Wasserschutzlaschen, die
links und rechts an der Zunge mit dem Schaft vernäht sind, verhindern, dass
Wasser in den Schuh laufen kann. Bei manchen Modellen sorgt ein Fixierhaken an der Lasche dafür, dass sie über die Schnürung am Spann gehalten

wird und nicht verrutschen kann. Manche Hersteller bieten variable Zungen unterschiedlicher Dicke an, um so die Passform des Schuhs noch exakter einstellen zu können.

Fußbett

Jeder gute Wanderschuh sollte ein Fußbett, also eine anatomisch geformte Innensohle, haben, die gut feuchtigkeitsdurchlässig ist, damit der Fuß nicht im eigenen Saft steht. Damit der Schuh optimal angepasst werden kann, sollte die Innensohle herausnehmbar sein. Wer Probleme mit seinen Füßen hat, kann diese Innensohle auch durch eine orthopädische Einlage oder eine Einlegesohle mit zusätzlicher Dämpfung ersetzen.

Bei guten Wanderstiefeln ist im Fersenbereich eine vorgeformte Kappe eingesetzt, die den Schuh stabilisiert. Dadurch wird der Fuß in der exakten Position gehalten.

Textilfutter mit Lederabschluss

Futter

Als Futterstoffe werden heute hauptsächlich Kunstfasergewebe, selten Leder verwendet. Membranen wie GORE-TEX®, Sympatex oder Cambrelle, ein Nadelfilz aus Polyamid, werden zu mehrlagigen Futtern verarbeitet. Die Membrane wird zwischen das Obermaterial und den Futterstoff eingearbeitet, um den Schuh wasserdicht und trotzdem atmungsaktiv zu machen.

Die Kunstfasergewebe sind abriebfest und trocknen sehr schnell. Außerdem sind sie meist antibakteriell ausgerüstet, um den Geruch von „Käsefüßen" zu vermeiden.

Bei Leder als Futter ist die Sache etwas schwieriger. Es ist angenehmer zu tragen, weil es mehr Feuchtigkeit aufnehmen kann, und dadurch der Stiefel von innen länger trocken bleibt und somit fester am Fuß sitzt. Wenn der

Lederfutter

Stiefel allerdings richtig durchgeschwitzt ist, d.h. die Wasseraufnahmekapazität des Futterleders erschöpft ist, wird es unangenehm glitschig und man kann dann schnell Blasen an den Füßen bekommen. Ist das Lederfutter dann nass, trocknet es nur sehr langsam.

Das Futterleder sollte hautfreundlich und weich gegerbt sein. Um den verschiedenen Anforderungen gerecht zu werden, gibt es davon verschiedenen Stärken.

Für Winter-, Hochtouren- und Expeditionsstiefel gibt es spezielle Futter, die gegen Kälte isolieren, um Erfrierungen an den Füßen zu verhindern.

Sohle

Die Art und die Qualität der Sohle bestimmt maßgeblich den Einsatzbereich des Schuhs. Bei der Fertigungstechnik gibt es mehrere Verfahren. Gute Trekkingschuhe sollten immer eine montierte Sohle haben. Sie besteht aus mehreren Teilen, die alle unterschiedliche Funktionen erfüllen: die Brandsohle, die Zwischensohle und die Laufsohle. Bei der Anspritztechnik werden die Sohlen aus PU (Polyurethan) in einem Arbeitsgang am Schaft befestigt. Das Verfahren ist zwar preisgünstig, allerdings sind diese Sohlen recht weich und nutzen sich schnell ab.

Brandsohle

Sie ist der Kern des Schuhs und stellt die feste Verbindung zwischen Oberschuh und Sohle her. Die beiden Teile werden durch die Klebezwicktechnik oder die Klammerzwicktechnik - speziellen Verbindungstechniken - miteinander verbunden. Die Brandsohle trägt entscheidend zur Steifigkeit des Schuhes bei. Sie besteht meist aus Leder, Texon oder gar gepresster Pappe, die allerdings dann nicht sehr haltbar ist.

Zwischensohle

Bei langen Märschen mit schwerem Gepäck ist eine gute Dämpfwirkung der Schuhe notwendig. Dazu wird zwischen die Brand- und die Laufsohle eine dämpfende Zwischensohle aus PU (Polyurethan) oder EVA (Evazote) eingesetzt. Sie enthält Verstärkungen aus Carbon, Stahl oder Glasfaser und legt so über den Härtegrad den Einsatzbereich des Schuhs fest. Spezielle Stütz- und Dämpfungselemente in der Zwischensohle helfen, die einzelnen Gelenke, wie Sprunggelenke, Knie und Hüfte zu schonen.

Laufsohle

Sie ist die unterste Schicht in der Sohlenkonstruktion, soll ein griffiges Profil haben und eine gute Bodenhaftung herstellen. Für die verschiedenen Einsatzbereiche benötigt man unterschiedliche Sohlentypen.

▷ Je weicher die Gummimischung ist, desto besser ist die Dämpfung und die Haftung. Eine harte Gummimischung weist durch den höheren Kunststoffanteil jedoch bessere Abriebwerte und damit eine längere Lebensdauer auf. Wird das Gelände anspruchsvoller, verwendet man härteres, steiferes Material. Das Zusammenspiel zwischen Profil und Gummimischung spielt dabei eine wichtige Rolle. Das Profil ist je nach Einsatzbereich flach bis kräftig gestaltet. Je schmaler und spitzer das Profil dabei ist, desto besser verhakt sich dieses im Untergrund.

▷ Bei einfachen Wanderschuhen werden dämpfende Sohlen mit einer großen Auflagefläche eingesetzt.

▷ Für den Trekkingbereich braucht man eine Sohle mit einem entsprechenden Halt, am besten anatomisch vorgegebener Abrollbewegung und einer gute Dämpfung für gelenkschonendes Gehen. Ein stabiler Absatz ist vor allen Dingen beim Bergabgehen wichtig. Inzwischen gibt es Laufsohlen, die ähnlich wie Joggingschuhe Pronations- (einwärts drehen) oder Supinationszonen (auswärts drehen) eingearbeitet haben. Dadurch können Fußfehlstellungen ausgeglichen und zusätzliche Gelenkbelastungen vermieden werden.

▷ Für extreme Einsätze z.B. im Hochgebirge oder bei Expeditionen müssen durch die Sohle Stabilisierungszonen für den Fuß geschaffen werden, damit er fest im Schuh steht. Außerdem muss die Sohle hohe

*Selbstreinigendes Profil - aufgrund der trapez-
förmigen Form der Stollen fällt der Schmutz
bei jedem Abrollvorgang wieder heraus.*

Abriebwerte und ein festes griffiges Profil haben, das einen sicheren Halt garantiert. Selbstreinigende Stollenzwischenräume sollen verhindern, dass sich Schmutz oder Schnee und Eis an der Sohle festsetzen und das Gehen erschweren oder gar unmöglichen machen.

☺   Je nach Fertigungsart des Schuhes können abgelaufene Profilsohlen bei den Herstellern oder bei Schustern ersetzt werden.

Gürtelrand

Bei qualitativ hochwertigen Schuhen wird die Verbindung von Schaft und Laufsohle durch den Gürtel- auch Wetterschutzrand oder Geröllschutz genannt, aus Gummi abgedeckt, der am Schaft hochgezogen ist und am besten um den ganzen Schuh herumläuft. Dieser Rand schützt das Obermaterial in den beanspruchten Zonen am unteren Schaft vor Beschädigungen durch Geröll oder spitze Steine.

Schnürung

Das Schnürsystem soll die Feineinstellung der Passform übernehmen. Hier werden heute Ösen, Haken, Zungenhaken und Nieten aus korrosionsfreiem Material verwendet. Um zu verhindern, dass die Schnürsenkel Wasser einziehen, müssen sie hydrophobiert, d.h. wasserabweisend gemacht werden. Bei hochwertigen Schuhen ist die Schnürung meist in zwei Bereiche unterteilt, die eine variable Schnürung im Fuß- und Knöchelbereich ermöglichen. Im unteren Teil verläuft die Schnürung durch Ösen, während sie im oberen Teil durch Klemmhaken entsprechend fest zugezogen und fixiert werden kann. Solche Fixierhaken verhindern ein Rücklaufen des Schnürsenkels und ermöglichen eine Lockerung des Senkels entweder im Fuß- oder im Schaftbereich. Je weiter die Schnürung in Richtung Zehenraum reicht, umso besser lässt sich der Schuh im Vorderfußbereich anpassen.

☺   Der Fußbereich sollte zwar immer gut fixiert sein, doch kann der **Knöchel- und Schaftbereich** im **Aufstieg** etwas **lockerer** gebunden sein, während diese Bereiche beim **Abstieg** ebenfalls sehr **gut fixiert** werden müssen, um beim Absteigen ein Nach-Vorne-Rutschen und damit ein Anstoßen der Zehen am Schuh zu vermeiden.

Entlüftung

Gute Trekkingschuhe haben ein Entlüftungssystem integriert. Man nutzt hier den Effekt, dass Feuchtigkeit und Wärme im Schuh nach oben steigen. Damit sie schneller entweichen können, verwendet man luftdurchlässige Polster und gelochte Versteifungsmaterialien. In entsprechenden Kanälen in der Zunge und im Schaft steigt die Luft auf und kann über Ventilationsöffnungen entweichen. Dieser Prozess wird durch die Gehbewegung unterstützt und die Luft nach außen gedrückt. Durch hydrophobierte Materialien und retikulierte, also netzartige Verarbeitung ohne zusätzliche Klebung, wird der Dampfaustausch im Schuh optimiert.

Allerdings sind Socken aus atmungsaktiven Materialen notwendig, um die Feuchtigkeit erst von den Füssen weg zu den Polstermaterialien zu leiten, um so die Entlüftung zu garantieren. ☞ Socken, Seite 52

Form des Schuhs

Jeder Schuhmacher hat seinen eigenen Leisten. Der Leisten ist ein Holz- oder Kunststofffuß, auf dem die Schuhe konstruiert werden. Dadurch entstehen bei den verschiedenen Herstellern individuelle Unterschiede in der Form und vor allem in der Breite des Schuhs. Die jeweilige Passform von Schuhen gleicher Größe mit ähnlichem Schaft wird bei einzelnen Anbietern ganz leicht variieren. Probieren Sie Schuhe von verschiedenen Firmen an, um so die optimale Passform für Ihren Fuß zu finden. Von den drei größten deutschen Herstellern schneidert Meindl eher breit, Lowa eher schlank und Hanwag liegt mit seinem Leisten zwischen den beiden.

Im Aufbau sind sich dagegen die Schuhe der einzelnen Firmen ähnlich, da sie in den verschiedenen Einsatzbereichen denselben Zweck erfüllen wollen.

Alle Hersteller bieten Wander- und Trekkingschuhe auch für Frauen und Kinder an.

Außenmaterialien

Leder

Die meisten Wanderschuhe werden nach wie vor aus verschiedenen Lederarten hergestellt. Aber Leder ist nicht gleich Leder. Durch die unterschiedlichen Qualitäten kommen ganz bestimmte Lederarten für die jeweiligen Einsatzbereiche in Frage. Zum leichteren Verständnis hier ein kurzer Einblick in die Lederherstellung.

▷ Leder ist ein natürliches Produkt, das aus Tierhäuten (meist vom Rind) hergestellt wird. Die verschiedenen Lederqualitäten sind von der Tierart, von den verwendeten Hautteilen und vom Gerbverfahren abhängig. Das gängigste und preiswerteste Gerbverfahren ist die mineralische Gerbung mit Chromsalz. Dagegen sind pflanzliche Gerbverfahren meist aufwendiger und daher teurer.

▷ Da Leder überwiegend horizontal gespalten wird, ist bei der Herstellung außerdem entscheidend, um welche Schicht es sich bei dem verwendeten Leder handelt, den Narbenspalt oder den Fleischspalt. Hinzu kommt noch, welche Seite der Haut dann nach außen gewendet wird, die Narbenseite, das ist die Außenseite der Haut, oder die Fleischseite.

Die Übersicht stellt die gängigen Lederarten bei Wander- und Trekking-Schuhen vor:

▷ **Glattleder**: Hier handelt es sich meist um Rindsleder, bei dem die obere Hautschicht gegerbt und dann geschliffen wird. Bei der Verarbeitung im Schuh zeigt die Narbenseite nach außen.

▷ **Nubukleder**: Rindsleder wird auf der Narbenseite leicht angeschliffen, sodass eine samtige Oberfläche entsteht. Dieses stabile und unempfindliche Leder wird oft bei Trekkingstiefeln verwendet.

▷ **Wildleder** stammt von verschiedenen Wildarten. Die Narbenseite wird angeschliffen und nach außen gewendet.

▷ Bei **Juchtenleder** handelt es sich um Zwei-Schichten-Rindsleder, das pflanzlich gegerbt und stark gefettet wird, um es wasserdicht zu machen. Dieses dicke, aber trotzdem geschmeidige Leder wird mit der Narbenseite nach außen verarbeitet.

▷ Bei **Veloursleder** kann es sich um narbige Häute, den Mittel- oder den Fleischspalt handeln. Es wird deshalb auch **Spaltleder** genannt. Hier wird die geschliffene Fleischseite nach außen gelegt.

▷ **Rauleder**, auch **Suedeleder** ist ein Rindsleder, bei dem die geschliffene Narbenseite außen liegt.

▷ **Nappaleder** ist ein vollnarbiges, tuchweiches Leder aus Schaf- oder Ziegenfellen und wird hauptsächlich als Futterleder verwendet, weil es ziemlich weich ist.

▷ Das **Huntingleder** ist ein dickes Vollnarbenleder, bei dem die Narbenseite nach innen gewendet wird. Es wird auch als **gewendetes Leder** bezeichnet.

Nach dem Gerben wird das Leder für hochwertige Trekkingschuhe mit hydrophobierenden Verfahren, wie der Behandlung mit Silikon, noch chemisch nachbereitet, um es möglichst wasserdicht zu machen. Solche Verfahren helfen, die positiven Eigenschaften des Leders lange zu erhalten.

Synthetische Materialien

▷ **Cordura**: Dieses stabile, grobmaschige Kunstfasergewebe wird vor allem bei leichten Wanderschuhen häufig eingesetzt. Es ist luft- und wasserdampfdurchlässig, allerdings nicht wasserdicht. An strapazierten Stellen wie Ferse oder Fußspitze werden zur Verstärkung Ledereinsätze eingearbeitet.

▷ **Membranen**: Wie in vielen Bereichen der Outdoor-Ausrüstung findet man auch bei Schuhen die Schlagworte „wasserdicht" und „atmungsaktiv". Früher waren nur Bergstiefel aus dickem Leder wasserdicht, aber entsprechend schwer. Heute kann man mit verschiedenen Membranen wie GORE-TEX® oder Sympatex auch leichte Wanderschuhe wasserdicht herstellen. Die Schuhe werden dadurch leichter.

In Sachen Atmungsaktivität ist aber bei Wanderstiefeln recht schnell die Grenze erreicht, weil dieser Prozess sowieso nur funktioniert, wenn das notwendige Temperaturgefälle besteht. Auf der kleinen Fläche des Schuhs kann die Membrane in einem bestimmten Zeitraum nur eine bestimmte Menge Schweiß durchlassen, sodass es hier schnell die Grenze des möglichen Dampfdurchlasses erreicht ist.

Kunstfasern als Futtermaterial trocknen schneller als Leder und sind außerdem pflegeleichter.

☺   Wichtig ist natürlich auch, dass man Socken trägt, die den Schweiß vom Fuß weiterleiten und ihn so trocken halten.

Verarbeitung

Die Qualität und Verarbeitung des Oberschuhs ist entscheidend für den gesamten Stiefel. Je weniger Nähte der Schuh hat, desto weniger Nahtlöcher, durch die Wasser eindringen kann. Die Nähte dürfen nicht aufgehen, Klebungen müssen halten und Sohlenränder dürfen sich nicht ablösen. Nur ein Schuh, der sauber und gut verarbeitet ist, verspricht auch eine lange Lebensdauer.

Wenn ein Schuh auf den ersten Blick erkennbar schlecht verarbeitet ist, lassen Sie ihn im Regal stehen.

Schuhtypen

In der heutigen Zeit muss niemand mehr mit schlechtem Schuhwerk auf Reisen gehen. Für jede Unternehmung, für jedes Gelände gibt es heute spezielle Schuhe. Das Angebot ist riesig und nur noch schwer zu überschauen.

Gebirge, Eis, Schnee, Wüste, Dschungel, kombinierte Touren, Trekking, Sommer, Winter, zu Fuß, mit dem Rad, mit dem Boot, Weihnachtsmärkte, Genusswanderer, sportlicher Wanderer, Bergwanderer ... Mit diesen Schlagwörtern werden Sie sich auseinander setzen müssen, wenn Sie den richtigen Schuh für ihre geplanten Unternehmungen finden wollen.

Was es sicher nicht gibt, ist ein Schuh, der im Hochgebirge genau so bequem zu tragen ist, wie auf einer Wüsten- oder auf einer Dschungeltour.

Und je enger der Einsatzbereich eingegrenzt werden kann, umso leichter fällt es dann, den richtigen Schuh zu finden. Sie müssen also klar entscheiden, wofür der Schuh gedacht ist.

Hier nun eine Beschreibung der verschiedenen Schuhtypen.

Die Einteilung erfolgt in 5 Gruppen.

Multifunktionsschuhe

Primär sind diese Schuhe für Tageswanderungen auf einfachen, befestigten Wegen gedacht. Durch ihre oftmals modische Optik sind sie aber auch im Alltag jederzeit gesellschaftsfähig. Ob zum Wandern, Radeln, für das Büro oder an der Uni, diese Schuhe sind für jeden gedacht, der gerne draußen unterwegs ist.

Multifunktionsschuhe - Meindl Ventilator

Die meisten Modelle haben einen flachen Schaft mit einer gut gedämpften Sohle, die ein griffiges Profil hat. Das Obermaterial dieser Schuhe besteht entweder komplett aus Leder, aus einer Kombination synthetischer Materialen mit Leder oder rein aus Synthetik. Hochwertige Modelle sind sogar mit wasserdichter Membrane ausgestattet. Ihre feste Sohle gibt auch auf steinigem Untergrund hohe Trittsicherheit.

Zusammenfassend kann man sagen, dass diese Schuhe dem Fuß Halt und Stabilität geben, ein angenehmes Fußklima bieten und durch ihre Dämpfung sehr gelenkschonend, also gute Allroundschuhe für den Alltag und die Freizeit sind.

Leichtwanderstiefel

Sie haben einen höheren Schaft und steifere Profilsohlen mit gutem Abrollverhalten als Multifunktionsschuhe. Sie bieten genügend Stabilität am Knöchel, sodass sie ohne Weiteres für zwei- oder dreitägige Kurztouren in

Leichtwanderstiefel - Hanwag Banks

gemäßigtem Gelände auch mit leichtem Gepäck eingesetzt werden können. Sie sind meist ebenfalls aus synthetischem Material oder aus Kombinationen mit Leder oder ganz aus Leder hergestellt. Wasserdichte Modelle werden mit wasserdichten Membranen ausgestattet.

Der Übergang zum klassischen Wanderstiefel ist nicht klar abgegrenzt. So bietet diese Kategorie preisgünstige und leichte Einstiegsmodelle für jeden, der nicht gleich viel Geld in hochwertige Trekkingschuhe investieren will.

Wanderstiefel

Für längere Wanderungen auf leichten bis mäßig schwierigen Wegen mit oder ohne Rucksack ist mit man festen Wanderstiefeln am besten beraten. Sie verfügen über einen stabilen und entsprechend hohen Schaft aus exzellentem

Wanderstiefel - Lowa Trekker

Leder, eine gute und dauerhafte Dämpfung und abriebfeste sowie griffige Laufsohlen mit Absatz. Die Sohle ist so stabil, dass Steine nicht mehr durchdrücken. Die gesamte Sohlenkonstruktion ist entsprechend der Abrollbewegung vorgeformt und ermöglicht so ein komfortables und dennoch sicheres Gehen.

Trekkingstiefel

Diese Schuhe sind für anspruchsvolle, längere Trekkingtouren in schwierigem oder auch weglosem Gelände mit schwerem bis sehr schwerem Gepäck ausgelegt. Ein fester, hoher und stabiler Schaft und eine trittstabile, griffige Sohle sollen guten Gehkomfort und hohe

Trekkingstiefel - Hanwag Ferrata Combi GTX

Trittsicherheit bei solchen Touren gewährleisten. Durch die steife Sohle rollen die allerdings nicht mehr so rund ab.

Für Wanderungen in kalten und feuchten Gegenden sind Lederstiefel mit einer wasserdichten Funktionsmembran zu empfehlen, weil sie schneller trocknen, als Schuhe mit einem Lederfutter.

Bergstiefel

Bergstiefel - Meindl Air Revolution 9.0

Mit einer brettharten, jedoch leicht vorgewölbten Sohle und einem stabilen, hochgeschnittenen Schaft sind diese Schuhe für lange Touren in weglosem Gelände und für Hochgebirgstouren konzipiert. Die Wärmeisolierung ist für die widrigen Umstände auf solchen

Touren ausgelegt. Die harte Sohlenkonstruktion vermindert die Dämpfung, macht die Schuhe jedoch bedingt steigeisenfest.

Eine weitere Gruppe in dieser Kategorie sind **steigeisenfeste Bergstiefel**.

Hier kommt es vor allem auf eine brettsteife Sohle an, die dem Steigeisen Halt gibt. Sie werden entweder aus starkem Leder oder Kunststoff hergestellt. Steigeisenfeste Schuhe aus Kunststoff nennt man, bedingt durch ihre zwei-schalige Konstruktion aus fester Kunststoffaußenschale und einem weichen, wärmenden Innenschuh, auch **Schalenschuhe**.

Wenn Lederstiefel richtig eingelaufen werden, passen sie sich dem Fuß sehr gut an. Schalenschuhe dagegen müssen von Anfang an perfekt sitzen, weil sie sich dem Fuß nicht anpassen. Außerdem ist die Luftzirkulation in der Kunststoffschale stark eingeschränkt

Bei Hochgebirgstouren und Expeditionen müssen die Schuhe absolut wasserdicht sein und dürfen die Blutzirkulation nicht abdrücken, um Erfrie-rungen an den Füßen vorzubeugen.

Lederstiefel haben eine lange Tradition und werden mit wasserdichten Membranen heute wieder verstärkt eingesetzt, weil sie deutlich leichter und flexibler im Schaft sind.

Damit der reine Lederschuh absolut wasserdicht bleibt, muss man jedoch auch unterwegs einiges an Pflegeaufwand betreiben. Der Kunststoff-stiefel hingegen ist immer wasserdicht, besitzt einen herausnehmbaren Innen-schuh, der schnell trocknet und nicht die Pflege wie ein Lederschuh braucht.

Die Firma Meindl hat schon vor 40 Jahren eine Klassifizierung von Wan-derschuhen eingeführt, die heute noch benutzt wird und an die sich andere Hersteller angelehnt haben. Die Schuhe werden für die jeweiligen Einsatzge-biete von leicht bis schwierig in die Gruppen A bis D mit den Untergruppen A/B und B/C eingeteilt, 💻 www.meindl.de/deutsch/service/service_3.html.

Schuhgrößen

Wander- oder Trekkingschuhe müssen die richtige Größe haben, um Genuss und Freude an den verschiedenen Touren zu bringen. Jeder, der schon einmal mit zu großen oder zu kleinen, zu leichten oder einfach mit falschen Schu-

hen irgendwo unterwegs war, weiß, wie schnell aus einer Tour eine „Tortour"
werden kann. Wandern oder den Rucksack mit Blasen an den Füßen schleppen macht einfach keinen Spaß. Deshalb sollten einige wichtige Punkte beim
Schuhkauf beachtet werden. Als erstes gilt es, die richtige Größe zu ermitteln:

▷   Sie stellen den Fuß mit angezogenen Wandersocken auf ein Blatt
       Papier und zeichnen mit einem Stift einen Umriss um den Fuß.
       Anschließend messen Sie die Fußlänge in dieser Umrisszeichnung und
       lesen aus der folgenden Tabelle die erforderliche Schuhgröße ab (ein
       Bewegungsspielraum von ungefähr **10 mm** ist in der Tabelle **berück-
       sichtigt!**).

Schuh-Größen-Tabelle

Fußlänge in mm	EU/D	UK	US (Herren)	US (Damen)
211	32 2/3	1	2	2,5
215	33 1/3	1,5	2,5	3
219	34	2	3	3,5
223	34 2/3	2,5	3,5	4
228	35 1/3	3	4	4,5
232	36	3,5	4,5	5
237	36 2/3	4	5	5,5
241	37 1/3	4,5	5,5	6
245	38	5	6	6,5
249	38 2/3	5,5	6,5	7
253	39 1/3	6	7	7,5
257	40	6,5	7,5	8
261	40 2/3	7	8	8,5
265	41 1/3	7,5	8,5	9
270	42	8	9	9,5
274	42 2/3	8,5	9,5	10
279	43 1/3	9	10	10,5
283	44	9,5	10,5	11
287	44 2/3	10	11	11,5
291	45 1/3	10,5	11,5	12

Fußlänge in mm	EU/D	UK	US (Herren)	US (Damen)
295	46	11	12	12,5
300	46 2/3	11,5	12,5	13
304	47 2/3	12	13	13,5
308	48	12,5	13,5	14
313	48 1/3	13	14	14,5
317	49	13,5	14,5	15
321	49 2/3	14	15	15,5
325	50 1/3	14,5	15,5	16
329	52	15	16	16,5
334	52 2/3	15,5	16,5	17

▷ Natürlich können Sie ihren Fuß in einem Fachgeschäft mit einer Schablone messen lassen.

▷ Da alle Schuhe unterschiedlich ausfallen ist es am sichersten das Modell Ihrer Wahl im Geschäft anzuprobieren. Hier haben sich zwei einfache Methoden bewährt:

◆ Sie schieben mit Wandersocken und bei offener Schnürung den Fuß im Schuh ganz nach vorne. Jetzt muss zwischen dem Fersenbein und dem Schuh noch gut ein Finger hineinpassen (entspricht ebenfalls ungefähr 10 mm Bewegungsspielraum).

◆ Oder Sie nehmen die Einlegesohle aus dem Schuh, stellen sich drauf und sollten im Idealfall einen Finger breit Platz haben - einige Hersteller verwenden eine Einlegesohlengröße für zwei Schuhgrößen, dies gilt es vorher mit einem kurzen Griff in den Vorderschuh zu kontrollieren.

Schuhkauf

Hier ein paar Grundsätze, die Sie beim Schuhkauf beachten müssen:

▷ Gehen Sie in ein Fachgeschäft und bringen Sie viel Zeit und Geduld zum Schuhkauf mit. Schuhe im Versandhandel zu kaufen, ist nicht ratsam.

▷ Entscheiden Sie möglichst vorher schon, für welchen Einsatzbereich Sie den Schuh nutzen wollen und lassen sich dann vom Fachpersonal beraten.

▷   Gehen Sie am besten erst nachmittags zum Einkauf, weil dann die Füße wie bei einem Marsch angeschwollen und voluminöser sind. Die Schuhe von vorneherein etwas zu groß zu kaufen, ist eher eine unsichere Methode.

▷   Nehmen Sie am besten die Socken mit, die Sie auch in den Schuhen tragen wollen und probieren Sie verschiedene Socken. Möglichst keine Baumwollsocken.

▷   Achten Sie auf eine exakte Passform und einen optimalen Fersenhalt, schnüren Sie den Schuh ordentlich fest. Kaufen Sie die Schuhe auf keinen Fall zu klein.

▷   Nehmen Sie sich Zeit, um die Schuhe zu probieren, gehen Sie am besten ca. 30 Minuten im Laden herum, auf Treppen, auf schiefen Ebenen, machen Sie Kniebeugen und Ausfallschritte. Erst wenn der Schuh warmgelaufen und geschmeidig ist, können Sie die Passform beurteilen. Achten Sie auf Fersensitz, Zehenfreiheit, Abrollverhalten und eventuelle Druckstellen. Gibt es am Fuß problematische Stellen wie beispielsweise Hühneraugen oder Überbeine? Ist der Ballenbereich besonders schmal oder flach? Ist der Rist besonders flach oder hoch? Wenn der Schuh drückt, lassen Sie sich nicht einreden, dass sich das noch geben würde.

▷   Probieren Sie Modelle verschiedener Hersteller. Die unterschiedlichen Leisten ergeben andere Passformen bei der gleichen Größe.

▷   Lassen Sie sich nicht von der Optik leiten.

eine Nummer zu groß   *passend*   *eine Nummer zu klein*   *zwei Nummer zu klein*

Wenn Sie diese wenigen Tipps beherzigen, finden Sie sicher den Schuh, mit dem Sie auch über längere Zeit Freude an Ihren Wanderungen und Touren haben.

☺   Auch hier gilt: Gute Schuhe gibt es nicht im Discount- oder im Supermarkt - gehen Sie in ein Fachgeschäft.

Gute Wander- oder Trekkingschuhe kosten auf den ersten Blick viel Geld. Aber diese hochwertigen Schuhe mit ihrer langen Lebensdauer machen sich bezahlt. Oder wollen Sie sich Ihre geplanten Touren durch schmerzende Füßen vergrämen lassen, nur um ein paar Euro zu sparen?

☺   **Weitere Tipps für Unterwegs**

▷   Als Besitzer neuer Schuhe sollten Sie vor allem feste Lederschuhe erst einlaufen. Tragen Sie sie zuerst zu Hause, dann bei kleineren Wanderungen. Wer mit neuen Schuhen gleich eine lange Tour macht, der läuft Gefahr, sich Blasen zu laufen.

Normale Schnürung

Schnürung von oben nach unten für festeren Sitz am Schaft und mehr Stabilität

▷ Variieren Sie unterwegs die Schnürung, etwas lockerer beim Bergaufgehen, fester beim Bergabgehen, damit Sie nicht mit den Zehen nach vorne rutschen.

▷ Wenn man ein oder mehrere Hakenpaare von oben nach unten schnürt, geben die Schnürriemen während des Gehens weniger nach, weil sie sich durch die stärkere Umlenkung im Haken und dem Druck des auslaufenden Endes selbst fixieren.

Schuhpflege

Vor dem ersten Gebrauch

Bei neuen Schuhen können vor dem ersten Gebrauch einige „Problemchen" auftreten, die sich mit ein paar Handgriffen lösen lassen:

▷ **Quietschgeräusche** im Laschenbereich, wie sie manchmal bei Schuhen aus Nubukleder auftreten, können mit etwas Schuhcreme seitlich im Faltbereich beseitigt werden.

▷ Manche Lederfutter können anfangs, bedingt durch das Gerbverfahren etwas **abfärben**. Wer sich daran stört, kann dies durch Einsprühen mit Imprägnierspray oder Haarspray beseitigen.

▷ Damit das Lederfutter seine **Geschmeidigkeit** erhält, sollte man es mit Vaseline einreiben, da es sonst rissig werden kann.

▷ Sohlen neuer Schuhe können durch Imprägnierrückstände oder Fette aus Formmaschinen **rutschig** sein. Bei längerer Lagerung an zu warmen Orten kann die Sohle auch härter und damit rutschiger werden. Durch Abstreifen der Sohlen auf hartem Untergrund wie Asphalt oder Sand kann die Sohle aufgeraut werden.

▷ **Orthopädische Einlagen** sind teilweise recht scharfkantig und können dadurch das Futter beschädigen. Solche scharfen Kanten können Sie beim Schuhmacher entfernen lassen.

Reinigung

▷ Verschmutzte Schuhe sollten regelmäßig mit lauwarmem Wasser und einer Bürste abgewaschen werden, weil der Schmutz sich im Leder festsetzt, dadurch das Leder austrocknet und dann spröde wird und sogar brechen kann.

Bürsten Sie nach jeder Tour
Ihre Stiefel ab.

Halten Sie Ihre Schuhe fern
von Benzin, Diesel, Petroleum
und Jauche.

Schuhe regelmäßig mit Sprays
auf Fluorcarbon-Basis
nachimprägnieren
(auch neue Schuhe).

Trockenes Leder braucht Nahrung:
Wachs (kein Fett oder Öl) verwen-
den. Dünn auf die trockenen
Schuhe aufreiben (einmassieren).

▷   Nicht nur das Obermaterial und die Sohle von Schmutz und Steinen
     reinigen, sondern auch das Lederfutter mit einem feuchten Tuch abwi-
     schen. Salze im Schweiß dringen in das Futter ein und schädigen das
     Leder, es trocknet dann aus und wird brüchig.

Trocknen

▷   Feuchte Einlegesohlen müssen Sie herausnehmen (am Abend nach
     jedem Wandertag) und wenn nötig auch waschen. Wenn Sie mit den
     Schuhen viel unterwegs sind, kaufen Sie hin und wieder neue Einlege-
     sohlen, denn sie tragen erheblich zum Fußkomfort bei.

▷   Nachdem das Fußbett und die nassen Schnürbänder herausgenom-
     men sind, die Schuhe stramm mit Zeitungspapier ausstopfen oder

einen Schuhspanner einlegen, um sie in Form zu halten. Ein Holz-schuhspanner ist besser als ein Plastikschuhspanner, da Holz dem Leder zusätzlich Feuchtigkeit entziehen kann.

▷   Dann die Schuhe luftig trocknen lassen. Allerdings nicht direkt ans Feuer, an die Heizung oder ins pralle Sonnenlicht stellen, das nasse Leder kann schnell brüchig werden! Trocknungsschäden sind irrepara-bel!

Pflegen

Qualitativ hochwertige Lederschuhe werden vom Hersteller durch Hydropho-bieren des Leders nahezu wasserdicht gemacht. Damit die Schuhe dicht blei-ben, müssen sie aber auch regelmäßig gepflegt werden. Sobald sich Leder trocken anfühlt, muss behandelt werden. Das verwendete Mittel muss auf das Material abgestimmt werden:

▷   **Glattleder/geölte Leder**: Wachs und/oder silikonhaltige Cremes halten das Leder geschmeidig. Nachdem sie gut abgetrocknet sind, werden die Schuhe eingeschmiert, wobei Sie besonders auf Nähte und Metall-teile achten sollten, also überall dort, wo das Leder durchstochen wurde.

Damit Wachs besser in das Leder einzieht, kann das Leder mit einem Fön vorsichtig erwärmt und das Wachs anschließend mit den Fingern einmassiert werden.

Die Schuhe sollten anschließend 24 Stunden trocknen, damit das Imprägniermittel gut einziehen kann. Auf **keinen Fall** sollten **Fette** ver-wendet werden, weil sie die Poren im Leder verstopfen. Leder wird durch Fette schwammig und nichtsynthetische Fette werden durch Bakterien zersetzt, wobei Fettsäuren freigesetzt werden, die das Leder angreifen.

▷   **Nubuk/Veloursleder**: Zur Imprägnierung sollten silikonhaltige Impräg-niersprays verwendet werden. Beim Einsatz dieser Pflegemittel ist darauf zu achten, dass sie ihre volle Wirkung erst nach 24 Stunden Einwirkzeit entfalten. Trotz dieser Behandlung sollten auch diese Materialien von Zeit zu Zeit zusätzlich mit wachs- oder silikonhalti-gen Schuhcremes behandelt werden. Rauleder werden dadurch mit

Brüchiges Leder aufgrund mangelnder Pflege an der neuralgischen Knickfalte am Vorderfuß.

Gepflegter Schuh gleichen Alters und Festigkeit

der Zeit zwar glatt, aber die Widerstandsfähigkeit wird erhöht und die Gerbstoffe nicht so schnell ausgewaschen. Auch hier dürfen **keine fetthaltigen Cremes** verwendet werden, da sie die Poren des Leders verstopfen! Durch das Eincremen mit den wachs- oder silikonhaltigen Schuhcremes erhalten die Metallteile einen zusätzlichen Oxidationsschutz.

▷ **GORE-TEX®-Membranen:** Solche Schuhe sollte man ebenfalls mit den vom Hersteller empfohlenen Präparaten imprägnieren, weil dadurch der Schmutz besser abgehalten wird. Außerdem kann keine Feuchtigkeit in das Obermaterial eindringen, was die Schuhe nur unnötig schwerer macht. Gleichzeitig haben trockene Außenmaterialien eine bessere Wärmeisolierung. Die Imprägnierung verhindert zusätzlich, dass Feuchtigkeit zum Schuhrand aufsteigt und von oben in den Schuh gelangt.

▷   **Cordura:** Am besten benutzt man Imprägniersprays. Durch die Imprägnierung wird Schmutz besser abgehalten und Wasser perlt für eine Weile ab. Wasserdicht machen kann man Cordura aber auch mit Sprays nicht.

Lagerung

Schuhe sollten immer trocken und luftig gelagert werden. Nicht in feuchten Räumen, im Kofferraum oder gar in Plastiktüten lagern, weil die natürlichen Materialien sonst schimmeln können und sich an Haken und Ösen Rost bildet. Säure, Benzin und ähnliches greifen das Material der Schuhe an. Während der Fahrt sollten Schuhe im Auto nicht direkt unter dem Autofenster stehen, weil die Hitze bei direkter Sonneneinstrahlung die Schuhe schädigt.

Outdoorsandalen

In den letzten Jahren haben sich Sandalen im Outdoorbereich immer stärker durchgesetzt und dabei gut bewährt, vor allen Dingen zum Paddeln, bei Flussdurchquerungen oder einfach zum Laufen nicht nur in warmen Gegenden.

Heutzutage findet man Sportsandalen überall. Egal ob in der Freizeit, im Büro oder beim täglichen Einkauf, dieses Schuhwerk ist auch aus dem Alltag nicht mehr wegzudenken. Angefangen hat der Boom in den USA, als sich ein Rafting-Guide eigene Paddelschuhe bastelte. In der Zwischenzeit gibt es eine Vielzahl von Marken und Qualitäten für die verschiedenen Einsatzbereiche und der Übergang zum Multifunktionsschuh wird immer fließender.

Einige Kriterien, die Outdoor- oder Sportsandalen erfüllen sollen:

▷   Sie müssen dem Fuß einen guten Halt geben. Eine leicht verstellbare Riemenkonstruktion und eine Sohle mit einem ausgeprägten Fußbett können das am besten gewährleisten. Bei längeren Märschen oder wenn sie nass sind, dürfen die Sandalen nicht an den Füßen verrutschen, weil man sonst Blasen bekommt oder die Füße schnell ermüden. Kann man die Sandale nur stabil am Fuß befestigen, wenn man die Riemen richtig zuknallt, wird die Blutzirkulation abgedrückt, was dann Druckstellen oder eingeschlafene Füße gibt und das Gehen mühsam und unbequem macht.

▷   Die Riemen müssen leicht und stufenlos verstellbar sein. In der Regel findet man daher Klettverschlüsse, die auch noch gut halten, wenn die Sandalen nass sind. Die Riemen sollten gepolstert sein, damit Druck- und Scheuerstellen vermieden werden.

▷   Das Fußbett sollte anatomisch geformt sein und den Fuß gut belüften. Sandalen sind zwar luftig, aber in einem Gummifußbett schwitzen die Füße trotzdem schnell. Feine Belüftungskanäle auf der Oberfläche des Fußbetts sollen eine zusätzliche Luftzirkulation ermöglichen. Das Gummifußbett ist leicht zu reinigen und trocknet schnell wieder.

      Im Lederfußbett schwitzt man zwar weniger, allerdings ist die Reinigung und Trocknung viel aufwendiger als beim Gummifußbett.

▷   Die Sandalen sollen schnell wieder trocknen. Vor allem nasse Riemen können schnell zu Scheuerstellen und Blasen führen.

▷   Die Sohle muss fest und griffig sein, damit man auf nassen Felsen trotzdem einen sicheren Halt hat. Gute Sandalen haben daher Neoprensohlen, einfache Modelle oft nur billige, rutschige Kunststoffsohlen. Ist die Sohle auch noch gedämpft, erhöht dies den Gehkomfort beträchtlich. Das Profil soll selbstreinigend sein, damit nicht zu viel Dreck an der Sohle hängen bleibt.

▷   Die Sandalen müssen passen und sollten nicht zu schwer sein. Die Gewichtsunterschiede einzelner Modelle sind ganz beträchtlich. Hier hilft nur probieren und vergleichen.

📖   In einschlägigen Magazinen wie „Outdoor", „Wanderlust", „trekking-Magazin", „Alpin", „Bergsteiger" und ähnlichen werden regelmäßig Testberichte über Wander- und Bergschuhe, sowie Ausrüstungsgegenstände aller Art veröffentlicht. Hier können Sie sich einen guten Überblick über Ausrüstung, Preis, Qualität und Neuerungen verschaffen.

Rucksäcke

Wer am Wochenende schnell mal zum Wandern in die Berge fährt, wer eine Ski-Tour macht oder wer auf eine längere Wander- oder Trekkingtour geht und seine Ausrüstung nicht gerade in Aldi-Tüten in der Hand oder in einem Weidenkorb auf dem Kopf durch die Landschaft schleppen will, für den gehört ein Rucksack zur Grundausstattung.

Der Mensch hat schon immer gern seine Lasten auf dem Rücken getragen und sogar schon der „Ötzi" hat eine Kraxe voller Ausrüstung in den Alpen herumgeschleppt. Aus orthopädischer Sicht ist das Lastentragen auf dem Rücken sinnvoll, denn die Beckenknochen und die Beine sind für das Tragen großer Lasten gut geeignet. Außerdem bleibt die allgemeine Bewegungsfreiheit erhalten und als Wichtigstes bleiben die Hände frei.

Da auf dem Markt unzählige Modelle verschiedenster Größe und Ausstattung, in allen Farben und Preislagen, für alle möglichen und unmöglichen Aktivitäten angeboten werden, ist die Qual der Wahl recht groß.

Es gibt einfach alles, von Daypack zum Wochenend-Rucksack, vom Kletterrucksack zum Expeditionsrucksack, Fahrradrucksäcke, Kanurucksäcke, Kinderrucksäcke, Kofferrucksäcke und diverse andere Rucksäcke mehr.

☺   Bevor Sie sich einen Rucksack kaufen, sollten Sie sich erst einmal darüber klar werden, für welche Aktivitäten er überhaupt Verwendung finden soll. Gleich vorweg: den idealen Rucksack gibt es nicht. Man muss beim Rucksackkauf immer Kompromisse schließen.

Grundsätzliche Anforderungen

Ein Rucksack besteht aus dem Packsack, dem Tragesystem und den Anbauten.

▷   Der gesamte Aufbau des Rucksacks muss eine gute Gewichtsverteilung der Last auf den Körper, hauptsächlich auf die Hüften gewährleisten. Diese Lastübertragung geschieht durch ein passendes Tragesystem und garantiert so angenehme Trageeigenschaften.

▷   Der Rucksack soll am Rücken gut anliegen, ohne die Bewegungsfreiheit einzuschränken.

▷   Die Ausstattung muss zweckmäßig sein, die verschiedenen Räume und Fächer müssen leicht zugänglich und einfach zu bepacken sein.

▷   Das Material sowie Reißverschlüsse und Schnallen müssen robust und
      beständig und darüber hinaus sauber verarbeitet sein.

▷   Das Eigengewicht soll nicht zu hoch sein.

▷   Und schließlich: Er soll auch noch preiswert sein.

Wer nun mit diesen wenigen Kriterien im Hinterkopf losgeht, um einen
Rucksack zu kaufen, der wird vom Umfang des Angebots förmlich erdrückt
werden. Man muss sich auch hier wieder für einen bestimmten Einsatzbereich
entscheiden.

Aufbau eines Rucksacks

Wie schon oben erwähnt, besteht ein Rucksack aus dem Tragesystem, dem
Packsack und den Aufbauten.

Tragesysteme

Das Herzstück eines Rucksacks ist das Tragesystem. Es besteht aus einem
Hüftgurt, den Schultergurten und der Rückenauflage. Eine gut aufeinander
abgestimmte Konstruktion und die individuelle Anpassung sollen einen guten
Tragekomfort garantieren. Es gibt zwei unterschiedliche Tragesysteme: Mit
Innengestell oder mit Außengestell.

Innengestell

Dieses Tragesystem wurde in den letzten 35 Jahren immer mehr verbessert
und hat so die schwankenden Tramperkraxen der 60er-Jahre, also hauptsächlich Außengestell-Rucksäcke, immer mehr in den Hintergrund gedrängt.

Die Grundidee für Innengestelltragesysteme ist immer gleich. Der Rucksackrücken, das ist der Teil, der am Rücken anliegt, ist durch eine oder zwei
Längsstreben aus Glasfaser oder Metall und/oder durch Kunststoffplatten versteift, die fest oder variabel in den Rucksack eingearbeitet sind. Dies gewährleistet eine optimale Lastübertragung und damit einen guten Tragekomfort.

Aluminiumschienen aus einer Speziallegierung müssen fest genug sein,
um den Packsack zu stabilisieren, sodass die Last nicht auf den Rücken
drückt, und trotzdem noch biegsam genug sein, um sie an die jeweilige
Rückenform des Trägers anpassen zu können.

Die Aluschienen, die entweder parallel verlaufen, V- oder X-förmig ange-
ordnet sein können, sind heute vom Hersteller schon S-förmig vorgebogen.
Sie werden beim Kauf individuell an die anatomischen Eigenschaften der Wirbelsäule des einzelnen angepasst. Die Vorteile des Innengestells sind:

▷   Es bringt den Rucksack näher an den Rücken und damit den
      Schwerpunkt näher an den Körper.
▷   Das Innengestell ist leichter und nicht so sperrig wie das Außenge-
      stell. Dadurch wird der ganze Rucksack schlanker und ist damit leich-
      ter zu balancieren.

Wie diese Idee nun umgesetzt wird, das hängt vom Einsatzbereich des
Rucksacks und von den einzelnen Herstellern ab.

Außengestell

Außengestell-Rucksäcke werden oft auch als Kraxen bezeichnet. Der Packsack ist auf einem externen Rahmen aus Kunststoff oder Aluminium befestigt.
Da er nicht direkt am Rücken anliegt, ist eine gute Ventilation möglich.

Der Hüftgurt ist meist frei aufgehängt und lässt somit viel Bewegungsfreiheit zu. Allerdings sind diese Gestelle durch ihre Konstruktion und ihre Breite sehr sperrig und man wird dadurch insgesamt etwas unbeweglicher. Auf
schmalen Graten, im Gehölz aber auch in engen Bussen und Eisenbahn-
wagen ist das ein großer Nachteil.

Rucksäcke mit Außengestell spielen daher auf dem Markt kaum noch eine
Rolle, obwohl die Stabilität und der Tragekomfort dieses Rucksacktyps enorm
verbessert wurden.

Außengestelle werden aber häufig bei Rucksäcken mit großen Volumen
von 100 Litern oder mehr und für Lasten ab 30 kg und darüber benutzt.

Weitere Komponenten des Tragesystems
Hüftgurt

Eine Komponente des Tragesystems ist der Hüftgurt. Er soll etwa 70 % der
Last auf die Beckenknochen und damit auf die Skelettmuskulatur der Beine
übertragen und dadurch Schultern, Nacken, die Wirbelsäule und die Band-
scheiben entlasten. Nur ein guter Hüftgurt, kann diese Aufgabe
zufriedenstellend lösen.

▷ Er soll gut gepolstert und verwindungssteif, im Fachjargon torsionssteif, sein. Das ist vor allem bei größeren Lasten sehr wichtig. Diese Torsionsfestigkeit wird durch mehrlagige Schaumstoffe mit unterschiedlichen Härtegraden erreicht. Außen sorgt eine härtere Komponente für gute Lastübertragung, innen gewährt weicheres Material eine gute Polsterung und damit guten Komfort. Bei den meisten

📷 Copyright Deuter

Herstellern werden zusätzlich Kunststoffplatten in den Gurt eingearbeitet, um eine weitere Verstärkung zu erreichen. Der dickste Gurt ist nicht unbedingt auch der stabilste!

▷ Der Schnitt soll der Anatomie des Trägers angepasst sein. Er soll nirgends scheuern, drücken oder gar einschneiden, d.h., er darf nicht zu breit und auch nicht zu schmal sein. Taube Beine durch abgeklemmte Nerven sind beim Gehen sehr unangenehm.

▷ Der Hüftgurt sollte konisch geschnitten sein, also oben enger sein als unten. Nur so sitzt er verlässlich und rutscht nicht von der Beckenschaufel.

▷ Das Gesäß soll frei bleiben und die Bewegungsfreiheit im Gesamten darf nicht eingeengt werden.

▷ Der Hüftgurt wird mit einer **Steckschließe** vor dem Bauch geschlossen. Die beiden Teile dieses Schnellverschlusses sollen auf beiden Gurtenden verstellbar angebracht sein.

☺ Auf längeren Trekkingtouren immer eine Ersatzschließe mitnehmen. Ein schwerer Rucksack mit gebrochener Schließe am Hüftgurt ist kaum noch zu tragen.

▷ **Stabilisierungsriemen** verbinden den Hüftgurt mit dem Packsack und helfen, den Rucksack nach dem Aufsetzen durch eine bessere Übertragung noch besser am Körper zu stabilisieren.

Beim **statischen Tragesystem** ist der Hüftgurt direkt an den Packsack angenäht. Diese Technik wird vor allem bei Universalrucksäcken bis zu einem gewissen Volumen verwendet.

Bei größeren Rucksäcken werden **dynamische Tragesysteme** benutzt. Der Hüftgurt ist hier beweglich in das System eingepasst.

Er kann beispielsweise über eine Schraube als Drehpunkt an der Tragekonstruktion befestigt sein. Da sich der Hüftgurt hier kaum in sich verdrehen oder verwinden kann, ist die Übertragung auf die Hüfte sehr gut, der Gurt passt sich optimal der Hüfte des jeweiligen Trägers an.

Der Gurt kann aber auch einfach hinter einem Rückenkissen eingeschoben und dann mit Schnallen oder Klettverschlüssen mit dem Packsack verbunden sein. In diesem Fall kann der Hüftgurt leicht ausgetauscht und so auf den Hüftumfang des einzelnen eingestellt werden. Das macht eine individuelle Anpassung noch einfacher.

Schultergurte

Die Schultergurte sollen hauptsächlich den Rucksack am Körper fixieren. Von der Gesamtlast sollen nur noch etwa 30 % auf den Schultern lasten. Diese Werte sind allerdings nur Anhaltspunkte, die sowohl nach oben als auch nach unten variabel sind.

▷ Auch bei den Schultergurten gilt, dass sie weder drücken noch scheuern dürfen. Sie sollen **anatomisch**, d.h. S-förmig geschnitten, flach und relativ breit sein und glatt auf den Schultergelenken aufliegen. Allerdings dürfen sie nicht zu eng zusammenlaufen, da sie sonst am Hals drücken.

▷ Das **Polstermaterial** muss fest genug sein, um die Stabilität der Gurte zu garantieren, es darf aber auch nicht zu hart sein, um noch als Polsterung zu wirken. Wie beim Hüftgurt werden auch hier oft zwei Lagen an Schaummaterial mit unterschiedlichen Härten kombiniert.

▷ Auf keinen Fall dürfen sie dicke **Nähte oder Falten** auf der Auflagefläche an den Schultern haben, da dies zu unangenehmen Druckstellen führen würde. Der optimale Auflagepunkt auf dem Rücken kann über die Längenverstellung mit Zurrgurten (Lageverstellriemen) exakt eingestellt und durch selbstarretierende Klemmschnallen gehalten werden.

▷ Nur eine **individuelle Anpassung** des Tragesystems auf den Rücken des einzelnen ermöglicht eine optimale Lastübertragung beim Tragen. Ausschlaggebend sind dabei die Rückenlänge und die Form des Rückens. Der Ansatzpunkt für die Schulterriemen muss auf den jeweiligen Träger abgestimmt werden und sollte genau zwischen den Schulterblättern liegen. Am besten funktioniert das über ein höhenverstellbares Gurtsystem, das über Schnallen oder Klettverschlüsse oder beides exakt so eingestellt werden kann, dass die Schultern sauber umschlossen sind. Allerdings ist das mit zusätzlichem Gewicht und höheren Kosten verbunden.

Bei einem so tiefen Ansatz der Schultergurte ist die Rückenlänge zu kurz gewählt, die Träger enden zu früh und rutschen gar von den Schultern.

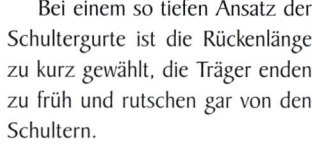

Liegt der Ansatz in Richtung Nacken, also zu hoch, so ist die Rückenlänge zu lang gewählt. Folge sind Träger die nicht auf den Schultern liegen und tief unter die Achseln führen - Scheuerstellen und instabiler Sitz sind die Folge.

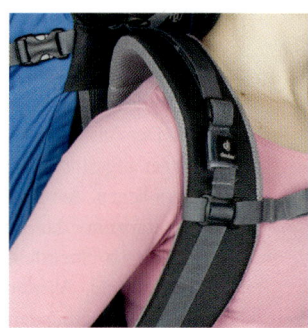

Den besten Wirkungsgrad haben die Lageverstellriemen von Trekkingrucksäcken bei einem Winkel von 30° bis 45°.

Bei Daypacks, also kleinen Rucksäcken mit geringem Packgewicht, erfüllen die Lageverstellriemen die Funktion der Rückenlängenanpassung und der Abstandsregulierung. Der Winkel darf hier kleiner und kann sogar negativ sein!

☺ Alle Hersteller bieten spezielle Damen-Rucksäcke an, die den anatomischen Gegebenheiten von Frauen gerecht werden.

▷ Rucksäcke mit fest **angenähten Tragegurten** gibt es meistens für verschiedene Rückenlängen, allerdings ist hier eine Feinabstimmung auf den jeweiligen Rücken nicht möglich.

▷ Der **Brustgurt** verbindet beide Schultergurte und hilft, die Schulterlast besser auf den Oberkörper zu verteilen. Er soll breiten- und höhenverstellbar sein, um so die Schultern weiter zu entlasten und den Rucksack zu stabilisieren.

Lageverstellriemen oder auch Lastkontrollriemen

Diese verstellbaren Riemen verbinden die Schultergurte mit dem oberen Ende des Packsacks. Wenn man sie anzieht, kann man den Neigungswinkel des Rucksacks zum Körper und damit die Lage des Schwerpunkts verstellen. Sie sollten in einem Winkel von 30° bis 45° nach oben stehen. Das verbessert den Tragekomfort und die Lastkontrolle bei unterschiedlichen Körperneigungen z.B. beim Gehen in flachem Gelände (A und B) oder beim bergauf und bergab Gehen (C und D).

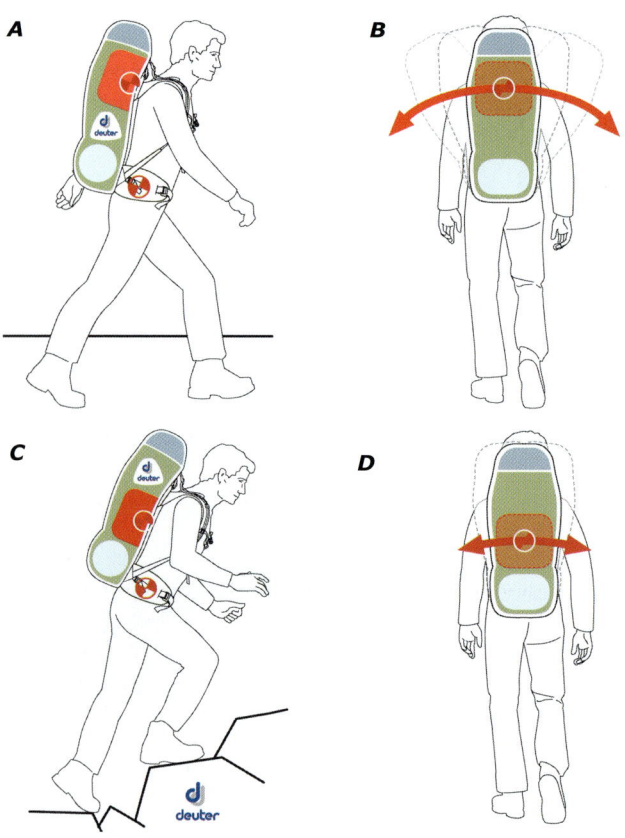

A   Der Schwerpunkt sollte sich
idealerweise nah am Rücken
befinden.

B   In flachem Gelände ist der
Schwerpunkt ideal, wenn er
sich in Schulterhöhe befindet.

C/D In bergigem Gelände sollte
sich der Schwerpunkt etwas
niedriger befinden, um besser das Gleichgewicht halten
zu können.

E   Ist der Rucksack falsch
gepackt, so zieht er nach
hinten.

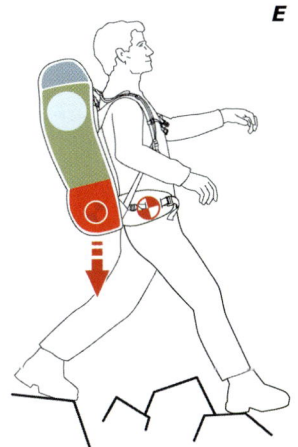

Die Abbildungen der Seiten 87, 90 bis 94, 108, 109 und
111 wurden freundlicherweise von der Firma Deuter für
dieses Buch zur Verfügung gestellt.

Rückenpolsterung und Belüftung

Eine gute **Rückenpolsterung** verhindert, dass harte Gegenstände unangenehm auf den Rücken drücken. Die verwendeten Schaummaterialien müssen
druckstabil und langlebig sein, damit sie nicht nach einer längeren Tour einfach plattgedrückt sind und keine Dämpfung mehr bieten.

Durch verschiedene **Belüftungssysteme** soll der Wärmestau am Rücken
des Tragenden vermindert und damit das Schwitzen eingeschränkt werden.
Hier haben die Hersteller verschiedene Möglichkeiten entwickelt:

1.   Das Rückenteil kann aus einem Rahmen bestehen, über den ein Netz
gespannt ist, wodurch der Packsack leicht gebogen wird. Die Luft kann
hier ungehindert am Rücken zirkulieren. Da aber der Schwerpunkt zu weit
vom Rücken liegt, ist dieses System nur bei einer Last bis zu 15 kg sinnvoll.

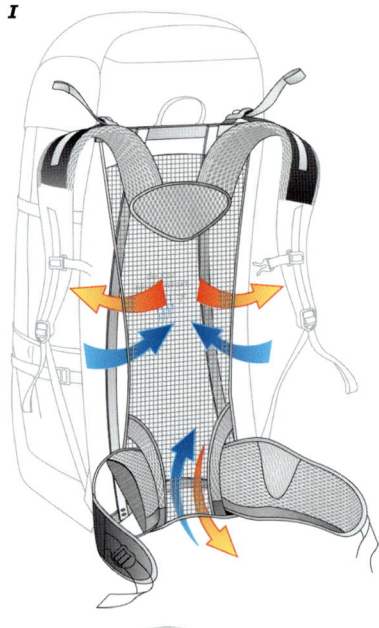

I

Darüber hinaus wird der Rucksack instabil und ist schwerer zu balancieren (☞ Abb. **I**).

2. Eine weitere Möglichkeit ist, dass die Auflagefläche auf dem Rücken aus zwei Schaumstoffpolstern besteht und in der Mitte ein Kanal über der Wirbelsäule frei bleibt - hier kann die Luft zirkulieren. Der Rucksack und damit der Schwerpunkt sitzt nah am Körper. Allerdings kann dieses System nur bis zu einem Volumenbereich von 60 Litern eingesetzt werden, weil der Druck auf einer relativ kleinen Fläche des Rückens lastet (☞ Abb. **II**).

II

3. Bei Trekkingrucksäcken (☞ Seite 87) für größere Packvolumen wird das Polstermaterial mit einem sog. Air-Mesh überzogen. Durch dieses grobporige Netzgewebe wird ein gewisser Abstand zum Rücken gehalten und die Luft kann durch die groben Maschen des Gewebes strömen. Der verwendete Schaumstoff ist offenzellig und erleichtert dadurch die Luftzirkulation.

4. Bei hochwertigen Modellen werden in die Seite des Polstermaterials, die am Rücken anliegt, reliefartige Kanäle und Vertiefungen gepresst und dadurch Raum für eine gewisse Luftzirkulation geschaffen.

🖐 Die Belüftung funktioniert nur, wenn die Bekleidung darauf abgestimmt ist - also nur mit Funktionsbekleidung, die den Schweiß weiterleitet. Nasse und verschwitzte Baumwollsachen hemmen die Verdunstung, weil der Schweiß nicht von der Haut weggeleitet wird.

Packsack

Der Packsack ist der Teil des Rucksacks, der „möglichst groß sein soll, damit man möglichst viel von seiner Ausrüstung hineinstopfen kann, die man dann fluchend durch die Gegend schleppt".

▷ Grundsätzlich soll der Packsack für die geplanten Aktivitäten **groß genug** sein und aus **robustem** und möglichst wasserfestem Material bestehen.

▷ Der Packsack wird in der Regel **von oben** gefüllt und kann mit einem oder mehreren Schnürzügen zugezogen werden.

▷ Zur besseren Unterteilung haben viele Packsäcke einen **Zwischenboden** eingezogen, der dadurch ein separates Bodenfach schafft. Er ist entweder fest eingenäht oder kann durch Reißverschlüsse weggeklappt oder sogar ganz herausgenommen werden.

▷ Der **Boden** soll aus reißfestem, wasserdichtem und gegen starke Temperaturschwankungen unempfindlichem Material sein.

▷ Ab einem bestimmten Volumen soll der Packsack **mehrere Zugangsmöglichkeiten** haben, beispielsweise von oben und von unten über einen umlaufenden horizontalen oder aber einen bogenförmigen Reißverschluss (☞ 📷 Seite 123).

▷ Die **Reißverschlüsse** müssen sehr robust und leichtgängig sein. Je grobzahniger der Reißverschluss ist, desto stabiler ist er. Zwei Schieber erleichtern den Zugang zum Packsack aus jeder Reißverschlussposition. Mit einer Bandverlängerung kann man den Reißverschluss auch unter schwierigen Bedingungen leicht auf- und zumachen, z.B. mit klammen Fingern oder mit Handschuhen.

▷   Alle Reißverschlüsse sollen durch **Abdeckleisten** geschützt sein, damit
      kein Wasser eintritt.

▷   Mit einem **Kompressionsriemen** oben auf dem Packsack kann man
      alles festzurren und so den Rucksack weiter stabilisieren, bevor man
      den Deckel aufsetzt. Bei hochwertigen Modellen dient dieser Kom-
      pressionsriemen dazu, eine **Kopfmulde** am Rückenteil zu schaffen.
      Das erleichtert die Kopfbewegung, wenn die Rucksackhöhe über den
      Kopf hinausragt - vorteilhaft beim bergauf Gehen.

Eine wichtige Eigenschaft für die Funktionalität des Packsacks ist sein
Schnitt. Trekkingrucksäcke sind schlank geschnitten - also nicht breiter als der
Körper. Dadurch bleibt man beim Wandern nirgends hängen. Außerdem ist
das Gleichgewicht leichter zu halten, als bei breiten Säcken.

Deckel

Der Deckel dient als Verschluss des Packsacks und wird mit Steckschnallen
am Packsack festgezogen. Er ist entweder fest angenäht oder kann über Riemen und Schnallen in der Höhe verstellt werden.

▷   Bei den meisten Rucksäcken ist der Deckel heute eine **Deckeltasche**
      mit einem oder mehreren Fächern.

▷   Mit **höhenverstellbaren Deckeltaschen** und ausziehbaren Manschetten
      am Packsack kann bei verschiedenen Modellen das Volumen
      beträchtlich erweitert werden.

▷   Abnehmbare Deckeltaschen können oft als Daypack oder Hüfttasche
      benutzt werden. Die Gurte sind entweder in die Tasche eingearbeitet
      oder der Hüftgurt des Rucksacks wird zum Tragen benutzt.

▷   Das **Volumen** von Rucksäcken wird in Litern angegeben. Kann man es
      durch eine verstellbare Deckeltasche vergrößern, so wird das extra
      vermerkt, beispielsweise 80 + 15 Liter.

Kompressionsriemen

Seitliche Kompressionsriemen helfen den Packsack zusammenzuziehen und
damit stabiler zu machen, weil der Inhalt dann nicht verrutschen kann. Wenn
der Rucksack nicht vollgepackt ist, kann man damit auch das Volumen verkleinern.

Hier gibt es mehre Varianten. Zwei oder drei Riemen auf jeder Seite, die einzeln arretiert werden, V-förmige Gurte, die an zwei Stellen festgenäht sind und an der gegenüberliegenden Stelle festgezogen werden oder Z-förmige Gurte, die durch Schlaufen laufen, an einem Punkt festgenäht sind und nur an einem Punkt festgezogen werden.

Ausstattung

Durch nützliche Ausstattungsdetails kann die Funktionalität des Rucksacks erhöht werden.

▷ Ein oder mehrere **Fronttaschen**, mit einem Reißverschluss versehen, bringen zusätzliches Volumen.

▷ Spezielle **Klappen oder Netze** an der Packsackfront schaffen zusätzliche Packmöglichkeiten.

▷ **Stecktaschen** am Bodenfach schaffen außen zusätzlichen Stauraum, beispielsweise für Trinkflaschen, Spritflaschen für den Kocher oder Ähnliches. Sie können aber auch als Einschubtaschen für sperrige Teile wie Zeltgestänge oder Skistöcke dienen, die dann über die seitlichen Kompressionsriemen gehalten werden. Entweder bestehen diese Stecktaschen aus dehnbarem Material oder sie sind aus einer längeren und breiteren Stoffbahn auf den Packsack aufgesetzt, um so ein gewisses Volumen zu schaffen.

Einfache flach aufgenähte Taschen sind nutzlos. Ist nämlich der Rucksack erst einmal prall gefüllt, bieten diese Taschen kein Volumen und lassen sich auch nicht soweit dehnen, dass man noch Zeltgestänge, Getränkeflaschen oder ähnliche bauchige Utensilien dort reinstecken könnte.

▷ Zusätzliche **Befestigungsmöglichkeiten** wie Pickelschlaufen, Steigeisenhalterungen oder Schlaufenleitern, auch Daisychains genannt, sind bei speziellen Unternehmungen sehr hilfreich.

▷ Bei **abnehmbaren Außentaschen** gehen die Meinungen der Outdoorer auseinander. Einerseits schaffen sie Platz für noch mehr Material, andererseits wird der Rucksack dadurch sperriger, schwerer zu balancieren und man bleibt damit leichter irgendwo hängen oder eckt mit den Ellenbogen permanent an den Taschen an.

Rucksackmaterialien

▷   **Nylon** oder **Polyamid** ist das wichtigste Material bei der Rucksackherstellung. Ein bekannter Markenname ist **Cordura**, bei dem verschiedene Garnstärken verwendet werden, beispielsweise 500er oder 1.000er Cordura. Die Zahl gibt die Garnfeinheit in Denier (abgekürzt: D, den, tex, dtex) an. Je kleiner die Zahl, desto feiner das Gewebe: 1.000er Cordura hat also eine gröbere Struktur, weil es aus einem stärkeren Faden besteht als das 500er. Dieses Gewebe ist sehr abrieb- und scheuerfest und hat eine textile Optik. Durch Beschichten mit Polyurethan wird das Gewebe möglichst wasserdicht gemacht. Bei grobem Gewebe löst sich diese Beschichtung allerdings leichter ab als bei feinerem.

▷   **Polyester** ist zwar nicht so reiß- und scheuerfest wie Nylon, dafür ist es aber leichter, UV-beständig und bleibt damit farbecht. Darüber hinaus ist es preisgünstiger und somit bei Rucksäcken in der unteren und mittleren Preisklasse zu finden. Außerdem werden Mischgewebe aus Polyamid und Polyester verwendet.

▷   **Ripstop** ist eine Gewebeart, bei der in regelmäßigen Abständen dickere Fäden eingewebt sind, um zu verhindern, dass ein kleiner Riss weiter reißt. Bei Polyestergeweben ist oft ein stabilerer Polyamidfaden eingewebt. Außerdem vermindert Ripstop den Abrieb.

▷   **Mischgewebe** aus Baumwolle und Polyester werden nur selten verwendet, da sie relativ schwer sind. Allerdings ist diese Gewebeform sehr robust, durch eine Imprägnierung stark wasserabweisend und kann jederzeit nachimprägniert werden.

🖑   Reine Baumwolle wird als Gewebematerial nicht mehr verwendet weil es schwer ist, schlecht trocknet und verrotten kann.

▷   **Leder** wird bei Trekkingrucksäcken nicht verwendet, weil es schwer ist und schlecht trocknet. Bei modischen Daypacks hingegen wird es oft verarbeitet.

▷   **Hochwertige EVA-Schaummaterialien** müssen eine dauerhafte Polsterung garantieren.

▷ **Schnallen** und **Verschlüsse** aus thermoplastischem Kunststoff müssen stabil, möglichst einfach zu bedienen sein und dürfen auch bei Temperaturen weit unter dem Gefrierpunkt nicht brechen.

▷ Terylen Polyester wird zur Herstellung der **Riemen** verwendet. Es ist sehr reiß- und abriebfest.

▷ **Reißverschlüsse** sollten aus stabilem, temperatur- und UV-beständigem Delrin oder Polyestermaterial gefertigt sein.

Die teuersten und besten Materialien nutzen gar nichts, wenn sie schlecht verarbeitet sind. Nähte, die einer großen Belastung ausgesetzt sind, müssen besonders sauber vernäht sein.

Rucksackarten

Der Rucksack hat unseren Rücken erobert und die halbe Nation schleppt tagtäglich allerhand nützliches oder auch unnützes Zeug in mehr oder weniger zweckmäßigen Rucksäcken oder Rucksäckchen durch die Gegend.

Die Modellpalette ist kaum noch überschaubar. Es gibt fast nichts, was es nicht gibt:

Die Billig-Lösung aus dünnstem Nylon vom Kaffeeröster, die sich sogar im eigenen Tragesäckchen verstauen lässt und Platz für eine Packung Kaffee und Döschen Milch bietet; das Modell aus reißfestem Cordura mit gepolstertem Rücken und ergonomischen Schultergurten, damit sich die schwere Last des hemmungslosen Souvenirkaufrausches nicht zu unsanft in den Rücken bohrt; das modische Lederrucksäckchen aus dem namhaften Designergeschäft, groß genug für Zigaretten, Feuerzeug, Lippenstift und Kondome; der Akademikerbeutel mit speziellen Fächern für allerlei Büro-Utensilien und einem Fach mit spezieller Polsterung für das allgegenwärtige Notebook der agilen Angestellten und geschäftigen Jungunternehmer, die ihre Dynamik mit so einem Daypack unter Beweis stellen bis hin zu 30-Liter Modellen, die groß genug für den täglichen Familieneinkauf oder den Wochenend-Hütten-Trip sind.

Aus den formlosen Segeltuchsäcken der Jäger und Kniebundhosenwanderer, in denen Regenjacke und Brotzeit Platz fanden, hat sich eine Rucksackspezies entwickelt, die aus dem täglichen Leben einfach nicht mehr wegzudenken ist.

Wir wollen die ganze Palette der Rucksäcke einteilen und nachfolgend kurz beschreiben. Hier die Gruppen Tages-, Touren, Trekking- und Expeditionsrucksäcke

Tages- oder Wanderrucksack

Das Packvolumen dieser Daypacks bewegt sich etwa zwischen 20 und 40 Litern. Sie sind daher für Tageswanderungen und Hütten- oder Klettersteigtouren mit leichtem Gepäck bestens geeignet. Ein gepolsterter Rücken, der verhindert, dass sich harte Teile unangenehm ins Kreuz bohren und gepolsterte Schultergurte, die das lästige Einschneiden der Tragegurte verhindern sollen, sind Grundvoraussetzung für einen angenehmen Tragekomfort. Wenn man mehr als 6 kg Gepäck trägt, sollte man ein Modell mit einem gepolsterten Hüftgurt bevorzugen.

Tagesrucksack

Um schnelles Schwitzen zu vermeiden, gibt es verschiedene Belüftungsvarianten (☞ Seite 94, Abb. I und II). So spannt ein Abstandsnetz den Rücken des Rucksacks leicht vor und schafft so einen Hohlraum für entsprechenden Luftzug, weil der direkte Kontakt des Rucksacks mit dem Rücken vermieden wird oder luftiger Schaumstoff mit integrierten Belüftungskanälen sorgt für Zirkulation.

Touren- oder Kletterrucksäcke

Das Packvolumen dieser Kategorie beträgt zwischen 30 und 50 Litern. Sie müssen vor allem funktionell sein und sind gedacht für Kletter- und Hochtouren ohne Zeltübernachtung und für Kurztouren von Hütte zu Hütte. Daher muss der Schwerpunkt des Rucksacks nahe und fest am Körper sitzen, damit er kontrolliert getragen werden kann und die Bewegungsfreiheit und die Trittsicherheit darf nicht eingeschränkt werden. Ein schlanker Schnitt, ein flexibles Tragesystem (☞ Seite 94, Abb. II) und stabiler Hüftgurt gewährleisten, dass bei Kletter- oder Skitouren vor allem die Arme und der Kopf ungehindert bewegt werden können.

Für ganz spezielle Unternehmungen sollte der Rucksack mit nützlichen Details wie einem Trinkblasenfach und Schlauchhalterung am Schultergurt, zusätzlichen Schlaufen für Helm-, Steigeisen- oder Eispickelbefestigung, Netzseitentaschen als Stockhalterung oder Frontflaps für Schneeschuhe oder Snowboard ausgestattet sein.

Trekkingrucksack

Trekkingrucksäcke

Der Packsack dieser Kategorie sollte in Boden- und Hauptfach unterteilt sein und ein Volumen von 50 bis 90 Litern haben. Trekkingrucksäcke sind für ein- bis zweiwöchige Touren in verschiedenen Regionen mit einer Gepäcklast bis zu 30 Kilogramm gedacht. Vom Schlafsack über Zelt, Matte, Kocher, die verschiedenen Bekleidungsschichten, Lebensmittel, Accessoires bis zum Müsliriegel muss hier alles Platz finden, wenn man mal zwei Wochen lang in der Natur unterwegs sein will. Und da darf auch kein Gurt drücken oder scheuern. Deshalb sind die Ansprüche an das Tragesystem entsprechend hoch (☞ Abb. Seite 87). Ein stabiler gut gepolsterter Hüftgurt, der Last optimal auf die Hüfte überträgt, ein versteifter, doch gut belüfteter Rücken und anatomisch geschnittene, gut gepolsterte Schultergurte, alles in solider und präziser Verarbeitung sind die Grundvoraussetzung für einen guten Tragekomfort. Trotz all dieser Anforderungen darf natürlich das Eigengewicht nicht zu hoch sein. Je nach Material und Verarbeitung muss für einen Trekkingrucksack zwischen € 150 und 500 investiert werden.

Expeditionsrucksack

Mit einem Volumen von 90 bis 140 Litern sind sie die Flagschiffe der Trekkingrucksäcke und für lange mehrwöchige Trekkingtouren abseits der Zivilisation, lange Wintertouren oder Wildnis- und Hochgebirgsexpeditionen konzipiert. Durch ausgefeilte Tragesysteme aus Alu, Carbon und sonstigen High-Tech-Materialien, extrem steife Hüftgurte, gut gepolsterte Schultergurte und saubere und präzise Verarbeitung bieten solche Rucksäcke den bestmöglichen Tragekomfort bei einem erträglichen Eigengewicht und werden so den höchsten Ansprüchen gerecht. Sie müssen sich über Tage und Wochen mit Lasten über 30 kg und mehr tragen lassen, ohne dabei Rückenschäden zu verursachen. Allerdings will für solch höchste Qualitäten auch entsprechend tief in die Tasche gegriffen werden - ein solches Investment liegt schnell bei € 500 und mehr.

Zu dieser Gruppeneinteilung der Rucksäcke bedingt durch ihr Volumen und ihren Einsatzzweck können noch weitere Unterteilungen getroffen werden. Hier ein paar Beispiele.

Frauenrucksäcke

Zwischenzeitlich haben sich die Hersteller auch der besonderen Anatomie des Frauenrückens gewidmet. Frauen sind meistens zierlicher als Männer und haben deshalb einen kürzeren Rücken. Die Schultergurte sollten schmaler und kürzer sein. Außerdem erfordert die Hüfte der Frau einen Schnitt des Hüftgurts, der konischer verläuft als bei Männern. Trotzdem sind diese Faktoren noch kein Garant, dass dann der Rucksack besser sitzt. Hier müssen einfach verschiedene Modelle, also auch Männermodelle, ausprobiert werden.

Trekkingrucksack für Frauen - hier die SL-Linie von Deuter

Außengestellrucksäcke

Rucksäcke mit Außengestell, auch **Kraxen** genannt, spielen heute auf dem Markt kaum noch eine Rolle, obwohl durch die enorme Stabilität des Rahmens große Volumen von 100 l und mehr und damit Lasten von 30 kg und darüber einigermaßen bequem getragen werden können. Die Rahmenkonstruktion aus Aluminium oder Kunststoff ist heute dem Rücken leicht anatomisch angepasst, um auch hier einen gewissen Tragekomfort zu garantieren.

Bei großen und langen Expeditionen kommen Lastenkraxen noch öfters zum Einsatz. Hier dient das blanke Gestell mit dem Tragesystem ohne Packsack als Trägerahmen. Damit kann man unförmige und schwere Ausrüstungsgegenstände wie Tonnen, Faltboote oder Bierkästen recht gut durch Berge und Dschungel transportieren.

Reise- und Kofferrucksäcke

Hier werden die Vorteile von Koffer und Rucksack miteinander kombiniert. Der Schnitt ist etwas breiter und meistens kofferähnlich. Der Kofferrucksack wird hauptsächlich von vorne gepackt. Durch einen umlaufenden Reißverschluss kann die Front geöffnet und so Kleidung ordentlich zusammengelegt, übersichtlich und sauber wie in einen Koffer gepackt werden.

Das Tragesystem dieser Modelle ist inzwischen so ausgereift, dass man sie jederzeit über längere Strecken bequem wie ein Trekkingrucksack tragen kann. Bei Bedarf können die Tragegurte vollständig hinter einer Abdeckplane mit umlaufendem Reißverschluss verstaut werden. Durch diesen Schutz werden Schäden an den Gurten beim Transport mit der Bahn oder dem Flugzeug vermieden. Dann wird der Rucksack wie eine Reisetasche getragen oder kann mit Rollen versehen sogar gezogen werden. Damit kann man das Rucksackler- oder Tramperimage in Hotels umgehen.

Fahrradrucksäcke, Rucksäcke für spezielle Aktivitäten

Rucksäcke dieser Kategorie sind sehr kompakt gehalten, schmal geschnitten und so optimal der Rückenform angepasst. Da sie für Radfahrer, Motorradfahrer, Inline-Skater oder gar Marathon- oder Wüstenläufer gedacht sind, haben sie anatomisch geschnittene Schultergurte und einen stabilen Hüftgurt, damit der Rucksack fest am Körper anliegen kann.

Ein gut belüftetes, gepolstertes Rückenteil sorgt für gute Luftzirkulation bei den verschiedenen schweißtreibenden Aktivitäten. Fahrradrucksäcke bieten genügend Stauraum, haben Sonderausstattungen, wie Wassertankbehälter oder Halterungen für den Fahrradhelm, aufgesetzte Taschen, Reflektoren und Schlaufen zum Anbringer eines zusätzlichen Rücklichtes.

Inline-Skating-Spezialversionen bieten zusätzlich zur Halterung für den Sturzhelm auch noch Befestigungsmöglichkeiten für die Inline-Skates und große Netztaschen, in denen Knie-, Handgelenk- und Ellenbogenschoner beim Einkaufsbummel verstaut werden können.

Wasserrucksäcke

Sie sind unter dem Begriff „Camelbaks" bekannt und enthalten ein 2 oder 3 Liter großes Trinkwasserreservoir, aus dem man mit einem Schlauch, der am Schultergurt fest gemacht ist, trinken kann, ohne den Rucksack abnehmen zu müssen. Das Trinken wird durch Beißventile erleichtert. Sie sind daher gut zum Laufen auf längeren Strecken oder beim Radfahren einsetzbar. Die meisten Wasserrucksäcke bieten dann etwas Raum für einen Müsliriegel, einen Notgroschen, den MP3 Player und das Handy. Für weitere Aktivitäten kann man die Trinkblase auch herausnehmen und im Trekkingrucksack unterbringen.

Seesäcke

Das sind keine Rucksäcke entsprechend den vorigen Beschreibungen. Sie sind sehr einfach geschnitten und haben kein Tragesystem, sondern meistens nur Schultergurte. Die klassischen Versionen sind aus Baumwolle oder Segeltuch, relativ preisgünstig und können so richtig vollgestopft werden.

Interessant für den Trekkingbereich sind vor allem wasserdichte Packsäcke mit Schultergurten. Sie sind bei Touren in Dauerregengebieten oder bei Kanu- oder Bootstouren sehr hilfreich, wenn das Gepäck zwischendurch mal über längere Strecken getragen werden muss. Da diese Rucksäcke weder Tragegestell noch Polsterung haben, müssen sie so geschickt gepackt werden, dass am Rücken eine angenehme Auflagefläche entsteht. Um die Vorteile von absoluter Wasserdichtheit bei gleichzeitig gutem Tragekomfort zu vereinen, werden inzwischen von einzelnen Herstellern Trekking-Rucksäcke aus wasserdichten Materialien und abgedichteten Nähten angeboten.

Kindertragen   (überarbeitet von Ingrid Retterath)

Damit der Nachwuchs rechtzeitig lernt, wie schön es in den Bergen ist, wenn es den ganzen Tag regnet und die junge Outdoorer-Familie auch ohne Kinderkarre auf felsigen Bergpfaden vorankommt, haben pfiffige Ausrüster Baby- und Kindertragen entwickelt.

Schon Neugeborene können mit Tragetüchern und speziellen Babytragen transportiert werden. Hüftschonend fürs Baby (bis 20 kg) und rückenschonend für die Eltern sind ergonomische Tragen wie Bondolino, ErgoBaby Carrier und Manduca. Mit ihnen können die ganz Kleinen in Fronttrageweise getragen werden, später auch auf dem Rücken. Die Hersteller bieten dazu auch die passenden Cover gegen Regen und Kälte an. Alternativ gibt es auch gute Tragejacken, in die sich der Tragling schön mit Mama oder Papa einkuscheln kann und so von der Körperwärme des Tragenden profitiert, z.B. die Softshell Allwetter- oder Outdoorjacken von Mam oder Mamalila. Noch wärmer sind die Tragejacken von Felix Pera.

Bei den „Rucksacktaxis" für die Großen wurden bewährte Tragesysteme als Basis genommen und dann anstatt mit einem Packsack, mit variablen Kindersitzen, gepolsterten Nackenstützen, Hosenträger-Sicherheitsgurten, Regen- und Sonnendächern versehen. Bei allen Tragesystemen empfehlen sich dicke Socken, Füßlinge oder Stulpen für die herunter hängenden Füße (wenn nicht gerade im Hochsommer gewandert wird). Achten Sie bei den seitlich angebrachten Taschen darauf, diese nicht oder nur mit unwichtigen und weichen Sachen zu befüllen - Kuscheltiere unbedingt sichern! Denn alles was sich in Reichweite der Junioren befindet, neigt dazu, mit den Trägern schmusen oder auf „große Expedition gehen" zu wollen ;-)

Und schon können die lieben Kleinen kindgerecht verpackt bei der Berg-tour auf Mamas oder Papas Bauch oder Rücken mit dabei sein.

Autorin Ingrid Retterath mit ihrer Tochter Aurelia auf Recherchetour auf dem Götterweg in Italien

Rucksackkauf

Auch hier gilt die Überlegung: Was will ich mit dem Rucksack machen? Welche Touren? Welches Gelände? Wann? Wo? Wie lange? Nach dieser Voraus-wahl gilt es, das Modell zu finden, das perfekt passt. Dazu brauchen Sie Zeit und Geduld, verschiedene Rucksäcke zu probieren.

▷   Nicht jeder Rucksack ist auch für jeden geeignet. Die Größe und vor allem das Tragesystem müssen auf die Körperstatur des Tragenden abgestimmt sein, also der Rückenlänge, dem Hüftumfang und der

Schulterbreite. Gute Trageeigenschaften sind nur dann möglich, wenn das Tragesystem exakt an die Rückenlänge angepasst ist (☞ S. 90).

▷ Jeder hat eine andere Rückenanatomie. Die Rückenlänge ist der Abstand zwischen dem 7. Halswirbel, das ist der, der etwas hervorsteht, und der Verbindung der Oberkante der Hüftknochen. Verschiedene Rucksäcke ausprobieren und dann eine Vorauswahl treffen. Das Volumen und die Rückenlänge müssen im richtigen Verhältnis stehen. Einen 90 l Rucksack mit extrem kurzer Rückenlänge kann es nicht geben.

▷ Die meisten Tragesysteme können exakt auf den Einzelnen angepasst werden, z. B. über biegsame Aluschienen. Hier zählen die Beratung und die Kompetenz im guten Fachgeschäft. Manche Hersteller bieten zu den unterschiedlichen Rucksackgrößen auch noch mehrere Längen an Hüftgurtpolstern und Schultergurten an. Somit kann der Rucksack so zusammengestellt werden, dass er exakt auf die eigene Statur zugeschnitten ist.

▷ Ein gutes Trageverhalten durch eine exakte Lastübertragung und die entsprechende Stabilität des ganzen Systems ist natürlich auch eine Frage des Preises und daher bei hochwertigen Rucksäcken eher gegeben, als bei einfacheren Qualitäten.

▷ Nehmen Sie sich Zeit, um den Rucksack auszuprobieren. Mit unterschiedlichen Gewichten und Packsituationen mindestens 30 Minuten im Geschäft herumtragen. Am besten bringen Sie ihr eigenes Equipment mit. Nur so werden Sie spüren, ob Sie sich mit dem Rucksack wohlfühlen und ob er auch passt. Nachfolgend finden Sie beschrieben, wie der Rucksack richtig gepackt sein sollte und wie er exakt am Körper eingestellt wird.

☺ **Kauftipps**

▷ Kaufen Sie Ihren Rucksack in einem Fachgeschäft, nicht im Supermarkt oder bei einem Kaffeeröster.

▷ Gehen Sie am besten hin, wenn noch nicht viel los und das Personal frisch ist.

▷ Nehmen Sie sich Zeit für eine ausführliche Beratung (also nicht kurz vor Geschäftsschluss) und besprechen Sie mit den Mitarbeitern was Sie unternehmen wollen. In den Ausrüstungsläden hilft Ihnen das geschulte Fachpersonal durch die Vielfalt der Modelle und ihrer Vorzüge und ihre Schwächen.

Die Flossen des Hüftgurtes mittig auf dem Hüftkamm platzieren

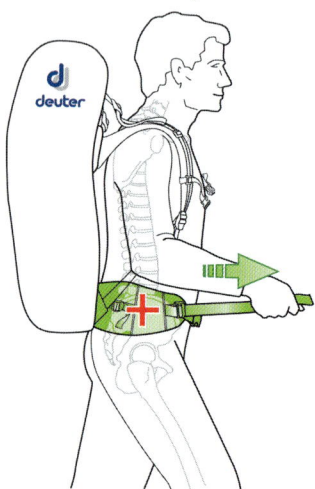

Schulterträger nicht zu stramm anziehen

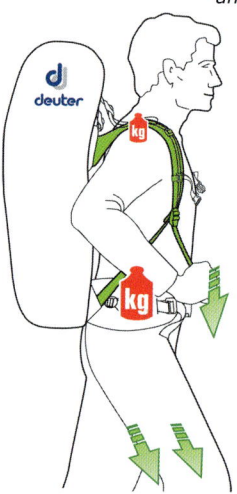

Richtige Rückenlänge - Schulterträgeransatz liegt zwischen den Schulterblättern

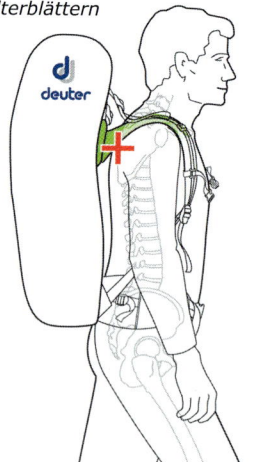

Brustgurt schließen - richtige Höhe, wenn Atmung nicht behindert wird

*Mit den Lageverstellriemen und
den Stabilisierungsriemen am
Hüftgurt wird die Lastenverteilung
variiert.*

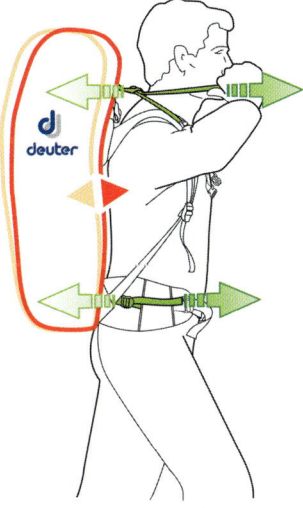

▷ Versuchen Sie die richtige Größe (Volumen) für Ihre Unternehmungen zu finden: Ist der Rucksack zu groß, wird meist mehr eingepackt, als eigentlich gebraucht wird - ist er zu klein, müssen Teile außen befestigt werden und das ist nicht gut, weil der Rucksack dann leicht instabil wird.

☺ Drei Dinge sind vor Ihrer Kaufentscheidung notwendig: Ausprobieren, ausprobieren, ausprobieren! Nun zum richtigen Anpassen des Rucksacks.

▷ Wählen Sie die Rucksackgröße eines Modells nach Ihrer Rückenlänge.

▷ Die Aluschienen des Innengestells sind bereits vorgebogen, können aber gegebenenfalls durch Begradigen oder Biegen genauer angepasst werden.

▷ Lassen Sie sich den Rucksack mit 10 bis 15 kg Gewicht füllen und probieren Sie eventuell auch verschiedene Lasten aus. In einem guten Ausrüstungsladen gibt es Packgewichte zum Testen.

▷ Setzen Sie den Rucksack auf. Schließen Sie den Hüftgurt mit der Steckschnalle und ziehen ihn so stramm, dass er fest um die Hüfte sitzt, aber nicht am Bauch drückt. Der Hüftgurt soll nicht auf dem Hüftknochen aufstehen, sondern ihn etwa mittig umschließen.

▷ Sollte der Hüftgurt zu hoch oder zu niedrig sitzen, müssen Sie die Höhe so verstellen, dass er für Ihre Statur passt.

▷ Stellen Sie die Schultergurte auf Ihre Körpergröße ein. Hier ist wichtig, dass die Polsterung der Schultergurte am unteren Ende der Schulterblätter anliegt und rund um die Schultern bis unter den Brustmuskel verläuft.

▷ Allerdings darf die Polsterung an den Gurtenden nicht zu weit unter die Achseln laufen, weil sie sonst scheuern oder drücken würde. Um jetzt die optimale

Gewichtsverteilung auf die Hüften zu finden, müssen Sie die Schultergurte wieder ein kleines Stück lösen, damit die Last dann auf den Hüften aufsitzt (☞ S. 90).

▷ Stellen Sie mit dem Lageverstellriemen den richtigen Winkel des Rucksacks zum Körper ein. Als Anhaltspunkt gilt, dass der Verstellriemen in einem Winkel von etwa 30° bis 45° schräg nach oben laufen soll.

▷ Den Brustgurt schließen und so einstellen, dass er die Atmung nicht beeinträchtigt.

▷ Ziehen Sie den Stabilisierungsriemen am Hüftgurt fest, damit der Kraftschluss zwischen Packsack und Tragesystem gegeben ist. Damit wird verhindert, dass der Rucksack schaukelt.

▷ Gehen Sie mit dem gepackten Rucksack im Laden hin und her, Treppen und eventuell schiefe Ebenen rauf und runter.

▷ Wenn der Rucksack nicht angenehm sitzt, lassen Sie ihn verstellen bis der Tragekomfort okay ist. Wenn Sie hier im Laden schon unangenehme Druckstellen haben, dann ist dieses Modell sicher nicht das richtige.

▷ Probieren Sie den Rucksack mit verschiedenen Kleidungsstücken aus, beispielsweise nach dem Zwiebelprinzip mit mehreren Jacken.

Richtiges Packen

Hier gilt gleich vorweg die Trekker-Weisheit, dass sich der beste Rucksack schlecht tragen lässt, wenn er falsch gepackt ist. Hier einige Tipps, wie man den Rucksack richtig packt.

☺ Legen Sie sich zu Hause die gesamte Ausrüstung zurecht, die Sie auf die Tour mitnehmen wollen. Sortieren Sie alle überflüssigen Dinge gleich wieder aus. Alles an Ausrüstung was Sie unterwegs „eventuell" oder „vielleicht" gebrauchen könnten, kann gleich zu Hause bleiben!

▷ **Bekleidung**, **Zelt**, **Kocher** und **Lebensmittel** kommen in das Hauptfach, die schweren Teile davon nah an den Körper, die leichteren Sachen davon entfernt.

▷ Leichtere sperrige Sachen wie der **Schlafsack** kommen ins Bodenfach. Das Bodenfach muss prall gefüllt sein, damit die darauf sitzende Ausrüstung nicht verrutscht und eine gute Lastübertragung gegeben ist.

▷   Kleinteile und Dinge, die man oft oder schnell braucht, packt man in
     die Deckel- oder Außentaschen.

▷   Sperrige Teile wie Ski- oder Wanderstöcke, Steigeisen, Zeltgestänge
     oder Ausrüstung, die viel Platz braucht, wie die Isomatte, kommen
     außen in die Einschubtaschen und werden mit den Kompressions-
     riemen befestigt.

▷   Zur besseren Übersicht kann man Sachen auch in unterschiedlich far-
     bigen Packbeuteln verstauen, allerdings sollte man sie nicht zu prall
     stopfen, da sonst zu viel toter Raum zwischen den einzelnen Beuteln
     entsteht.

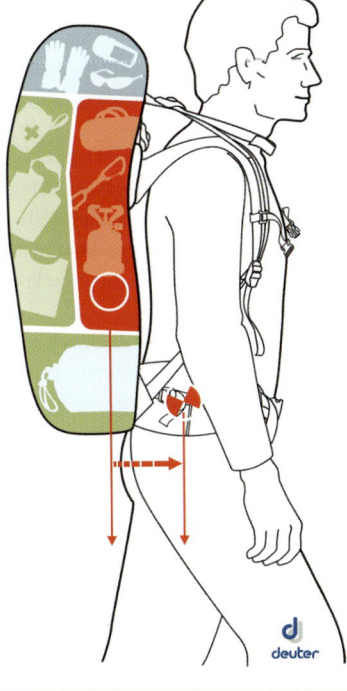

Die Fima *eagle creek* hat dies
schon vor vielen Jahren erkannt und
ist mit ihrem Pack-It-System Marktführer i.S. Sortieren. Wer dieser
Packphilosophie folgen möchte und
besonders sparsam ist, kann auch
einfache Tüten verwenden, z.B.
Aldi-Tüten für Unterwäsche, Lidl-
Tüten für Socken und Karstadt-
Tüten für was weiß ich …

Der Rucksack ist dann richtig
gepackt, wenn man damit gut auf-
recht stehen kann, ohne dass man
vom Gewicht nach vorne, nach hinten oder zur Seite gezogen wird.

✍   Bis 20 kg Gewicht kann das
Rucksacktragen angenehm sein,
darüber wird es zur Plackerei. Der
Schwerpunkt soll möglichst nahe
am Körper, etwa in Schulterhöhe
liegen.

Bei Kletter- oder Skitouren kann er etwas tiefer liegen, damit das Gleichgewicht besser gehalten werden kann (☞ Seite 92).

Wie bekommt man den vollgepackten und schweren Rucksack jetzt auf die Schultern?

▷   Man kann den Rucksack auf einen Felsen oder Baumstumpf hochstellen, in beide Schultergurte schlüpfen und sich dann aufzurichten. Diese statische Variante funktioniert am besten, wenn man den Rucksack erhöht abstellen kann. Aus der sitzenden Position vom Boden aufzustehen, kann etwas schwierig sein.

▷   Man kann den Rucksack auf das leicht gebeugte Knie hochheben, mit dem entsprechenden Arm in den Schultergurt schlüpfen, dann den Rucksack mit dem Schwung einer leichten Körperdrehung auf den Rücken bringen und anschließend den anderen Arm durch den anderen Schultergurt fädeln. Bei schweren Lasten muss man bei dieser dynamischen Variante allerdings aufpassen, dass man sich durch zu kräftigen Schwung keine Rückenbeschwerden zuzieht.

So sitzt der Rucksack richtig.

▷   Sie haben den Rucksack richtig gepackt und dann die Kompressionsriemen am Packsack festgezogen.

▷   Vor dem Aufsetzen lockern Sie alle Riemen des Tragesystems, also Schultergurte, Lastkontrollriemen und Stabilisierungsriemen am Hüftgurt.

▷   Bringen Sie den Rucksack auf die Schultern, schließen den Hüftgurt und ziehen ihn stramm, damit die Lastübertragung funktioniert. Der Hüftgurt sollte das obere Drittel des Beckenkamms umfassen. Die Enden der Hüftgurtpolster sollen eine Handbreit Abstand haben, damit sie nicht auf den Magen drücken. Dann die Stabilisierungsriemen festziehen.

▷   Ziehen Sie als nächstes die Schultergurte so straff, dass Sie noch bequem atmen können. Die Träger dürfen weder an Hals noch Nacken scheuern.

▷   Dann die Lastkontrollriemen anziehen, um den Packsack näher an den Körper zu bringen und so die Schultern zu entlasten. Abschließend den Brustgurt schließen und fertig.

Eventuell nachjustieren, um den Rucksack in die Position für den besten Tragekomfort zu bringen (☞ Seite 108 + 109).

☺   So müssen Sie auch beim Rucksackkauf vorgehen, diesen Komfort-Check machen und dann mit dem richtig eingestellten Rucksack mindestens 30 Minuten im Laden herumgehen. Steigen Sie dabei auch Treppen, machen Kniebeugen und Körperdrehungen, schwingen die Arme und gehen mit und ohne Stöcke. Wenn dann nichts scheuert oder drückt und Sie sich mit dem Rucksack wohlfühlen, dann haben Sie den richtigen gefunden. Wenn nicht, dann probieren Sie den nächsten.

Rucksackpflege

▷   Gleich nach jeder Tour sollten Verschmutzungen und Dreck am besten mit warmem Wasser und einer Bürste abgewaschen werden. Daraufhin den Rucksack gründlich trocknen lassen, damit sich kein Schimmel bilden kann und dann trocken und luftig aufbewahren.

▷   Da Trekkingrucksäcke aus pflegeleichten, robusten Materialien bestehen, brauchen sie keine weitere besondere Pflege.

▷   Nach längeren Touren mit schwerem Gepäck sollte man Nähte und Gurtzeug auf Risse oder Beschädigungen überprüfen, um eventuelle Reparaturen rechtzeitig vor der nächsten Tour durchführen zu können.

▷   Ein schwergängiger Reißverschluss kann mit etwas Kernseife geschmiert wieder in Gang gebracht werden.

Nützliche Zusatzausrüstung

Regenhülle (☞ 📷 Seite 114)

Bis auf einige spezielle Modelle sind die meisten Rucksäcke bei Dauerregen nicht wasserdicht. Das Material ist zwar beschichtet, aber irgendwann dringt durch die Nähte doch Wasser ein. Wasserdichte Regenhüllen, die über den Rucksack gezogen werden, können hier Abhilfe schaffen. Allerdings läuft das Regenwasser dann dauernd zwischen Rücken und Rucksack ab.

Regenponcho (☞ 📷 Seite 150)

Eine interessante Alternative zu den Regenhüllen sind Ponchos. Sie sind aus wasserdichtem Material, haben eine Kapuze und sind so geschnitten, dass sie über eine Erweiterung am Rücken auch über einen Rucksack gezogen werden können. Das hat den Vorteil, dass zwischen den Schultern und dem Rucksack kein Wasser ablaufen kann, und damit das Ganze als Einheit wasserdicht bleibt. Auch wird so die teure Membran-Jacke eingespart. Allerdings kann es schnell zu einem Hitzestau kommen und eine große Anfälligkeit für Wind ist gegeben, also nichts für Gratwanderungen!

Regenhüllen im Einsatz

Pacsafe

Pacsafe ist ein weitmaschiges Edelstahlnetz, das über den Rucksack gezogen und mit einem Schloss gesichert werden kann. Es soll verhindern, dass Gelegenheitsdiebe mal einfach so in eine Rucksacktasche fassen oder dass der Rucksack einfach aufgeschlitzt wird. Außerdem kann man den Rucksack damit beispielsweise an der Bushaltestelle auch mal anschließen. Allerdings suggeriert man etwaigen kriminellen Elementen auch, „dass es hier etwas zu holen gibt"…

Armschlaufen

Diese Riemen können vorne in die Schultergurte eingehängt werden. Dort kann man seine Arme entspannt einhängen. Bei schweren Lasten und längerem Gehen kann man damit auch durch Zug den Rucksack nach vorne bringen und so die Schultern entlasten.

Packlisten

Die Packlisten helfen für die unterschiedlichsten Outdoor-Aktivitäten die erforderlichen Ausrüstungsgegenstände zusammenzutragen und einzupacken, sodass (hoffentlich) nichts vergessen wird.

Die Pflege der Packliste auf der Tour in Form einer täglichen Kontrolle hilft frühzeitig festzustellen, wenn einmal etwas irgendwo verloren gegangen ist. Auch können Vermerke zu den einzelnen Gegenständen über deren effektiven Einsatz helfen, im Nachgang (ggf. über den Zeitraum mehrerer Touren) über die tatsächliche Notwendigkeit sie mitzuführen, zu entscheiden.

Selbstverständlich gibt es auch Unterschiede in den Regionen, die bereist werden: Der Regenschutz, der in nordischen Ländern unerlässlich ist, kann bei einer Tour in die Sahara sicher mal überdacht werden ;-)

Gewichtsfetischisten notieren zusätzlich zu jedem Gegenstand auch dessen Gewicht und haben so den Überblick, wo sich die Pfunde verstecken, die tagein, tagaus auf die Schultern drücken.

Die heutzutage allgegenwärtigen Smartphones mit (manchmal) integrierten Office-Apps machen es möglich, diese Listen auch während der Tour zu optimieren, sieht man doch immer mal wieder Ausrüstungsgegenstände bei anderen Reisenden, die sich als „die Innovation" für die nächste Tour herauskristallisieren sollen, das kann dann sofort für die Nachbereitung vermerkt werden.

☺   Nichts ist ärgerlicher als vergessenes Equipment, was daheim u.U. mehrfach sein Dasein im Ausrüstungsschrank fristet, und nun auf Tour im Ausland nur unter größten Anstrengungen und Zeitaufwand beschafft werden kann - Brennstoff für den Kocher ist so ein klassisches Beispiel!

❶   Die Packliste ist modular aufgebaut. Die erste Packliste listet diejenigen Gegenstände auf, die für Hüttentouren erforderlich sind.

❷   Es folgt eine Liste mit zusätzlichen Ausrüstungsgegenständen, die für mehrwöchige Trekkingtouren zusätzlich mitgenommen werden müssen.

❸   In weiteren Listen werden die Ausrüstungsgegenstände aufgelistet, die für alpine Touren in der 4.000er-6.000er-Region erforderlich sind.

❹   Abschließend werden die Ausrüstungsgegenstände gelistet, die für eine Hochgebirgsexpedition in 7.000 bis 8.000 m Höhe erforderlich sind.

❶ Packliste für Hüttentouren

Artikel	Anzahl	Besorgt	Eingepackt
Grundausstattung (angezogen)			
Rucksack	I	☐	☐
Unterhose	I	☐	☐
Trekkingsocken	I	☐	☐
T-Shirt (Kunstfaser)	I	☐	☐
Fleece oder Softshell	I	☐	☐
Trekkinghose	I	☐	☐
Trekking-Schuhe	I	☐	☐
Uhr/Höhenmesser	I	☐	☐
GPS	I	☐	☐
Karten	I	☐	☐
Rucksack außen			
Teleskop-Stöcke	I Paar	☐	☐
Getränkeflasche (1 bis/1,5 l)	I	☐	☐
Rucksack, Deckeltasche			
Kartenmaterial	I	☐	☐
Handschuhe	I	☐	☐
Mütze	I	☐	☐
Dreieckstuch	I	☐	☐
Stirnlampe mit Ersatzbatterien	I	☐	☐
Handy	I	☐	☐
MP3-Player	I	☐	☐
Sonnenbrille (im bruchfesten Etui)	I	☐	☐
Taschenmesser/Universaltool	I	☐	☐
Signalspiegel	I	☐	☐
Signalpfeife	I	☐	☐
Kompass	I	☐	☐
Börse/Ausweis	I	☐	☐
Schreibzeug/Notizbuch	I	☐	☐
Fernglas (optional)	I	☐	☐
Toilettenpapier	I	☐	☐

Artikel	Anzahl	Besorgt	Eingepackt
Fototasche (wenn aufgrund des Umfangs erforderlich)			
Fotoapparat mit Ersatzbatterien/-akku	1	☐	☐
Weitere Objektive (Tele, Weitwinkel)	1	☐	☐
Filter (UV-/Pol-Filter)	1	☐	☐
Blitzgerät (optional)	1	☐	☐
Linsenputztuch	1	☐	☐
Kleines Stativ (optional)	1	☐	☐
Speicherkarten/Filme (nach Bedarf)		☐	☐
In den Rucksack gehören:			
Unterwäsche			
Funktionsunterwäsche (untere Lage)			
Unterhose, kurz	2 bis 3	☐	☐
Untersocken (wenn man der Philosophie folgt)	2 Paar	☐	☐
T-Shirt (Kunstfaser)	1	☐	☐
Wärmeschicht			
Unterwäsche, lang	1 Set	☐	☐
Wandersocken	2 Paar	☐	☐
Fleece, dünn	1	☐	☐
Softshell oder dicker Fleece	1	☐	☐
Wetterschutz/Oberbekleidung			
Regenhose	1	☐	☐
Regenjacke	1	☐	☐
Trekkinghose	1	☐	☐
Kurze Hose	1	☐	☐
Gürtel/Hosenträger (optional)	1	☐	☐
Gamaschen (optional)	1	☐	☐
Zubehör			
Sandalen/Turnschuhe	1	☐	☐
Badehose/-anzug (optional)	1	☐	☐
Tagesrucksack (optional)	1	☐	☐

Artikel	Anzahl	Besorgt	Eingepackt
Rucksack-Regenschutz	1	☐	☐
Biwaksack	1	☐	☐
Regenumhang (optional)	1	☐	☐
Tischstativ und Fernauslöser	1	☐	☐
Speicherkarten oder Filme	n. Bed.	☐	☐
Ersatzakkus und/oder Ladegerät	1	☐	☐
Wasserfeste Beutel			
(für Bekleidung, Lebensmittel)	n. Bed.	☐	☐

Proviantbeutel

Trinkblase (2 bis 4 l)	1	☐	☐
Trinkbecher	1	☐	☐
Wasserentkeimungsmittel	1	☐	☐
Feuerzeug/Sturmstreichhölzer	1	☐	☐
Löffel	1	☐	☐
Messer (Taschenmesser)	1	☐	☐
Brausetabletten	2	☐	☐
Multivitamintabletten	2	☐	☐
Verpflegung (Brot, Aufschnitt)	1	☐	☐
Müsli-Riegel	10	☐	☐
Teebeutel	n. Bed.	☐	☐
Süßstoff	1	☐	☐
Kaffee	1	☐	☐
Zucker	1	☐	☐
Milchpulver	1	☐	☐

Waschzeug

Reisezahnbürste/Zahnpasta	1	☐	☐
Bioseife, flüssig	1	☐	☐
Nassrasierer + Rasiercreme (optional)	1	☐	☐
Nagelschere/-feile			
(falls nicht am Taschenmesser/Tool)	1	☐	☐
Lippenpflegestift	1	☐	☐
Sonnenmilch/-creme (mind. Faktor 30)	1	☐	☐

Artikel	Anzahl	Besorgt	Eingepackt
Microfaser-Handtuch, klein	1	☐	☐
Microfaser-Handtuch, groß (optional)	1	☐	☐
Toilettenpapier	1	☐	☐
Reisewaschmittel	1	☐	☐

Erste Hilfe

Artikel	Anzahl	Besorgt	Eingepackt
Alkoholtupfer	5	☐	☐
Pflaster	1 Paket	☐	☐
Schere (falls nicht am Taschenmesser)	1	☐	☐
Klammerpflaster	3 bis 4	☐	☐
Blasenpflaster	1 Paket	☐	☐
Wundgaze	2 bis 3	☐	☐
Mullkompressen (10 x 10 cm)	2 bis 3	☐	☐
Mullbinden (5 cm breit)	2 bis 3	☐	☐
Tape	1 Rolle	☐	☐
Elastische Binden	1 bis 2	☐	☐
Dreieckstuch	1	☐	☐
Rettungsdecke (leichte, bedampfte, reißfeste Alu-Decke)	1	☐	☐
Schmerzmittel (z.B. Aspirin)	1	☐	☐
Erkältungsmittel (z.B. Novalgin)	1	☐	☐
Halstabletten (z.B. neo-angin N)	1	☐	☐
Repellentien (Mückenschutz)	1	☐	☐
Antihistaminicum (Insektenstiche/leichte Verbrennung)	1	☐	☐
Durchfallmittel (z.B. Kohle, Imodium)	1	☐	☐
Augentropfen (z.B. Berberil-Tropfen)	1	☐	☐
Wundheilsalbe (z.B. Bepanthen)	1	☐	☐
Desinfektionsmittel (z.B. Betaisodona)	1	☐	☐

❷ Weitere Ausrüstung für mehrwöchige Trekkingtouren

Diese Liste wurde während zahlreicher, mehrwöchiger Trekkingtouren erarbeitet und listet Ausrüstungsgegenstände auf, die für solche Touren zusätzlich erforderlich sind.

Artikel	Anzahl	Besorgt	Eingepackt
Unterkunft			
Zelt mit allem Zubehör	I	☐	☐
Isoliermatte	I	☐	☐
Reparaturset (falls luftgefüllte Matte)	I	☐	☐
Schlafsack			
(im wasserdichten Kompressionssack)	I	☐	☐
Kochausrüstung/Lebensmittel			
Wassersack (4 l)	I	☐	☐
Teller/Essnapf (optional)	I	☐	☐
Dosenöffner (falls nicht am Taschenmesser)	I	☐	☐
Korkenzieher	I	☐	☐
Topf mit Deckel	I bis 2	☐	☐
Griffzange	I	☐	☐
Kocher	I	☐	☐
Brennstoff			
(I Liter Benzin/2 - 3 Gaskartuschen)	I	☐	☐
Kocher-Reparaturset	I	☐	☐
Putzschwamm	I	☐	☐
Gewürzstreuer	I	☐	☐
Lebensmittel in Tuben/			
in dehydrierter Form	n. Bed.	☐	☐
Trockenfrüchte, Nüsse	n. Bed.	☐	☐
Reparaturset			
Nähnadel (stabil!)	2 bis 3	☐	☐
Faden/Zwirn	I Rolle/Stern	☐	☐
Knöpfe	5	☐	☐
Flicken	2 bis 3	☐	☐
Sicherheitsnadeln	5	☐	☐
Gewebeband	I Rolle	☐	☐
Sekundenkleber	I	☐	☐
Schuhwachs	I	☐	☐
Heißkleber (in Verbindung mit Feuerzeug)	I	☐	☐

Artikel	Anzahl	Besorgt	Eingepackt
Zubehör			
Reepschnur (2 bis 3 mm) als Wäscheleine	5 m	☐	☐
Wäscheklammern (optional)	6	☐	☐
Papiere/Dokumente			
Brustbeutel/Bauchgurt	1	☐	☐
Reisepass	1	☐	☐
EC-Karte, Visa (falls erforderlich)	1	☐	☐
Flugticket (falls erforderlich)	1	☐	☐
Führerschein	1	☐	☐
Kopien aller Reisedokumente und Zahlungsmittel	1	☐	☐
Kreditkarte (Geheimnummer!)	1	☐	☐
Travellerschecks	1	☐	☐
Taucher-Brevet + -buch (optional)	1	☐	☐
Auslandskrankenversicherung	1	☐	☐
Reiseführer/Trekkingführer	1	☐	☐
Wörterbuch (optional)	1	☐	☐
Adressverzeichnis (ggf. schon im Handy/PDA)	1	☐	☐

❸ Weitere Ausrüstung für Wintertouren in Norddeutschen Mittelgebirgen bzw. Alpintouren

Die folgend genannten Ausrüstungsgegenstände sind alle optional. Ob sie erforderlich sind und dementsprechend mitgenommen werden müssen, muss jeder für sich in Abhängigkeit der Tour entscheiden.

Artikel	Anzahl	Besorgt	Eingepackt
Ausstattung			
Fleece-Hose	1	☐	☐
Daunenjacke (optional)	1	☐	☐
Daunenhose (optional)	1	☐	☐
Fäustlinge (Daune oder Kunstfaserisolierung)	1	☐	☐

Artikel	Anzahl	Besorgt	Eingepackt
Überhandschuhe (wind- und wasserdicht)	I	☐	☐
Balaclava	I	☐	☐
Schalenschuhe	I	☐	☐
Tourenski (optional)	I	☐	☐
Felle/Wachs (optional)	I	☐	☐
Schneeschuhe (optional)	I	☐	☐
Steigeisen	I	☐	☐
Eispickel	I	☐	☐
Eisschrauben	n. Bed.	☐	☐
Seil	I	☐	☐
Hüft- + Brustgurt/evtl. Komplettgurt	I	☐	☐
Falls Hüft- + Brustgurt:			
Bandschlinge zum Einbinden	I	☐	☐
Karabiner	n. Bed.	☐	☐
Gletscherbrille	I	☐	☐
Lawinenschaufel	I	☐	☐
Schneesäge (optional)	I	☐	☐

❹ Weitere Ausrüstung für Hochgebirgstouren/-expeditionen

Die Anzahl, die von den folgend sowie den bereits unter dem Aspekt Alpin- oder Wintertouren genannten Ausrüstungsgegenständen mitgenommen werden muss, hängt stark vom Ziel der Outdoor-Unternehmung ab. Die Anzahl muss unter Berücksichtigung der Länge der Bergtour/-expedition, Höhe des Zielberges und der geografischen Lage des Zielberges angepasst werden. Eine allgemeingültige Packliste für solche Unternehmungen kann nicht erstellt werden. Die Liste kann als Grundlage für solche Unternehmungen verwendet werden, muss aber intensiv hinterfragt und an den eigenen Bedarf angepasst werden!

Artikel	Anzahl	Besorgt	Eingepackt
Bekleidung			
zusätzl. Funktionsunterwäsche + v. a. Wärmeschicht	n. Bed.	☐	☐
warme Socken (z.B. Schafschurwolle, Daunen)	2	☐	☐
Seiden-/Thinsulate-Unterziehhandschuhe	1	☐	☐
Daunenbekleidung (s. o.)	1	☐	☐
Seiden-/Thinsulate-Unterziehsocken	1	☐	☐
großes Kopftuch (extreme Sonneneinstrahlung)	1	☐	☐
Unterkunft			
Hochlagerzelte (mit allem Zubehör)	n. Bed.	☐	☐
Schneeheringe/Firnanker	n. Bed.	☐	☐
2. Isoliermatte für BC/ABC (optional)	1	☐	☐
2. Schlafsack für BC/ABC (optional)	1	☐	☐
Pinkelflasche	1	☐	☐
Kochutensilien			
Gaskocher (pro Person)	1	☐	☐
Gaskartuschen (pro Tag und pro Zelt 550 g)	n. Bed.	☐	☐
Thermoskanne	1	☐	☐

Artikel	Anzahl	Besorgt	Eingepackt
Bergausrüstung			
Hochrucksack	1	☐	☐
Seesack	1	☐	☐
Schlösser	2 bis 3	☐	☐
2. Innenschuh für Schalenstiefel	1	☐	☐
Expeditionsgamaschen (Thermo-Gamaschen)	1	☐	☐
Tourenskiausrüstung oder Schneeschuhe	n. Bed.	☐	☐
Steigklemme	1 bis 2	☐	☐
Skibrille	1	☐	☐
Expeditionsmedikamente			
Höhenkrankheit:			
Diamox/Diuramid (Acetazolamid)	1	☐	☐
Höhenkopfschmerz: Ibuprofen	1	☐	☐
schwere AMS + HACE: Urbason			
(Methylprednisolon= Dexamethason)	1	☐	☐
HAPE: Nifedipin	1	☐	☐
HALE/periphere Ödeme:			
Diamox/Diuramid (Acetazolamid)	1	☐	☐
trockener Mund + Rachen: Hustenbonbons	1	☐	☐
starker Husten: Capval (Noscapin)	1	☐	☐
UV-Augenreizzustand: Berberil-Tropfen	1	☐	☐
Schneeblindheit: Benoxinat SE Thilo			
(mit lokalanästetischer Wirkung)	1	☐	☐
leichte Scherzen:			
Aspirin (auch blutverdünnend)	1	☐	☐
starke/extreme Schmerzen: Amadol			
(Tramadolhydrochlorid)	1	☐	☐
Schnitt-/ Risswunden: Sekundenkleber	1	☐	☐
Höhendurchfall:			
Imodium (Loperamidhydrochlorid)	1	☐	☐

Glossar &
Lexikon

Hunger! ... nach 3 Wochen auf dem Kungsleden.

Die in dem Glossar genannten Werte zur Wasserdichtigkeit und Atmungsaktivität beruhen auf Herstellerangaben zur Zeit der Drucklegung (soweit
diese öffentlich zugänglich sind; für die Richtigkeit übernehmen weder Autoren noch Verlag die Haftung). In den letzten Jahren ist bei vielen Herstellern
der Trend zu beobachten sich nicht mehr auf fixe Werte festzulegen, sondern
es bei Aussagen wie „extrem atmungsaktiv und wasserdicht" zu belassen.
Dies hat natürlich den Vorteil eine Beschichtung oder Membrane innerhalb
kürzester Zeit austauschen zu können, für den Verbraucher wird es aber
schwieriger Produkte zu vergleichen ...

Auch sei der Hinweis gestattet, dass die Verwendung verschiedener Obermaterialien vor allem den Wert der Atmungsaktivität beeinflusst! Es macht
also schon einen Unterschied, ob als Obermaterial ein leichtes Ripstop-Nylon
oder ein schweres Cordura Verwendung findet. Denn die Wasserdampfmole-
küle müssen ja nicht nur die Membrane oder Beschichtung, sondern auch das
dünne oder dicke Obermaterial passieren.

3XDRY
spezielle Ausrüstung für Textilien. Von außen bis zur Mitte wird das Material
wasserabweisend und von innen bis zur Mitte wasseraufnehmend ausgestattet. Optik und Griff werden dadurch nicht beeinflusst. Die so behandelte Kleidung weist besser Schmutz und Wasser ab.

ABS
Lawinen-Airbag-System; Auftriebssack mit CO_2-Patronen für den Fall einer
Lawinenverschüttung. Ist in bestimmte Rucksäcke eingearbeitet.

Acryl
im Bekleidungsbereich und bei Zelten wird Acryl als billiges Beschichtungsmaterial eingesetzt. Acryl ist nicht frostbeständig und wird spröde. Es hat
eine geringe Knickstabilität und kaum Abriebfestigkeit und daher eine geringe Lebensdauer.

Angora
sehr feine und wasserabstoßende Wolle vom Angora-Kaninchen. Einge-
schlossene Luft in den Faserkammern wärmt sehr gut und aufgrund der glat-

ten Oberfläche ist Angora angenehm zu tragen. Im nassen Zustand allerdings wenig stabil und pflegeintensiv. Wird im Outdoorbereich als Funktionsunterwäsche eingesetzt, zum Teil in Kombination mit Kunstfasern.

Antibakterieller Finish
Wenn körpereigene Bakterien sich in Unterwäsche aus Kunstfasern festsetzen, entsteht unangenehmer Geruch. Die Verarbeitung von z.B. Silberfäden vermindert diesen Prozess.

Antifilz-Ausrüstung
Die mikroskopisch kleinen Schuppen von Wollfasern werden chemisch mit einem hauchdünnen Kunstharzfilm überzogen, sodass sie sich nicht mehr ineinander verhaken und damit einlaufen können.

Apex
bezeichnet ein Softshell Material der Firma The North Face. Es ist nahezu (gefühlt!) winddicht und wird in verschiedenen Stärken angeboten.

Aramid
gehört zur Gattung der aromatischen Polyamide. Aramid kann Feuchtigkeit zwischen 5 und 7 % aufnehmen, ist aber nicht UV-beständig. Als Faser sind sie allerdings extrem reiß- und abriebfest. Das bekannteste Material ist ☞ Kevlar.

Atmungsaktiv
Die Fähigkeit eines Materials, Schweiß in Form von Wasserdampf vom Körper weg nach außen passieren zu lassen. Wird bei großer Anstrengung vom Körper allerdings mehr Feuchtigkeit produziert, als transportiert werden kann, kondensiert die Feuchtigkeit in der Bekleidung.

Außengestell
auch Kraxe genannt. Rucksacktyp, der hauptsächlich in Nordamerika und Skandinavien zum Einsatz kommt. Ein Rahmen aus Aluminium oder Kunststoff bildet das Tragesystem, auf dem der Packsack befestigt ist. Vorteil: hervorragende Belüftung, flexibel, sehr gute Lastübertragung. Nachteil: sperrig, etwas steif, nicht so stabiler Sitz am Rücken.

AzTec

Wasserfestes Mischgewebe von MacPac aus 45 % Baumwolle und 55 % Polyester, das als Rucksackmaterial eingesetzt wird. Gewicht ca. 450 g/m². Eine LightVersion (SL) ist durch einen höheren Polyesteranteil (60 %) ca. 30 % leichter. Das Material wird bei der Herstellung in eine Emulsion von dichtmachenden Wachsstoffen getaucht, wobei die Zwischenräume im Gewebe mit Wachs versiegelt werden und jeder Faden wasserfeste Eigenschaften annimmt.

B-Tec

ist die wasserdichte und atmungsaktive Ausstattung von First B.

Gearbeitet wird ausschließlich mit Membranen als 2- und 3-Lager. Je nach Modell liegt die Wassersäule zwischen 5.000 mm und 20.000 mm. Der MVTR reicht von 5.000g/m²/24h bei den 5.000 mm-Membranen bis 15.000 g/m²/24h bei den 20.000 mm-Membranen.

Ballistic

ein strapazierfähiges, 840 D schweres Nylongewebe.

Gut (aus)gerüstet unterwegs

Bamboo

ist eine aus Bambus gewonnene und chemisch aufbereitete Zellulose-Faser. Sie ist angenehm zu tragen und temperaturausgleichend.

Bandverschweißte Nähte

Wasserdichte Membranen/Laminate werden bei der Verarbeitung an den Nähten durch die Nadelstiche undicht. Deshalb werden Nähte mit Bändern versiegelt. Bei silikonbeschichteten Geweben ist ein Abkleben der Nähte nicht möglich!

Baumwolle

(Zellulose) wird aus den Blüten der Baumwollpflanze gewonnen und ist die am weitesten verbreitete Bekleidungsfaser, vor allem im Bereich der Sportbekleidung. Die Faser ist sehr saugfähig, speichert bis zu 65 % des Eigengewichtes an Feuchtigkeit.

Durch das Speichern quillt die Faser allerdings auf und schließt die Gewebeporen; der Feuchtigkeitstransport ist unterbrochen. So bleibt der Schweiß auf der Haut, das Gewebe fühlt sich nass und klamm an und die Auskühlung des Körpers durch Verdunstungskälte wird beschleunigt. Bei hohen Außentemperaturen kann gerade dieser Effekt erwünscht sein. Baumwolle ist langsam trocknend, weist eine schlechte Isolation auf (bis zu 40 mal schlechter als synthetische Fasern) und ist stark hydrophil.

Beschichtung

wird als hauchdünner Film auf der Innenseite des Trägermaterials aufgetragen und macht es so wasserabweisend bis -dicht. Es gibt Beschichtungen in unterschiedlichen Qualitäten und für die unterschiedlichsten Zwecke: Acryl, Entrant, Neoprene, PU, PVC, Silikonbeschichtung, Silikonisierung u.a.

Im Rucksack- und Zeltbereich porenlos, bei Funktionsbekleidung oft nachträglich mikroporös gemacht, damit der Schweißdampf entweichen kann.

Bioactiv

eine permanet antibakteriell ausgestattete Faser von Trevira. Silberionen sind in die Polyesterfaser fest eingebunden und verhindern so eine Geruchsbildung.

Brandsohle

verbindet Oberschuh und Sohle und ist der Kern des Schuhs, der die Steifigkeit festlegt. Man kann sie sehen, wenn man die Einlegesohle herausnimmt. Sie ist aus Leder, lederähnlichem Texon oder Press-Pappe.

Die Verbindung wird durch die Zwicktechnik (Vernähen, Klammern) oder Kleben hergestellt. Früher wurden Schuhe zwiegenäht, d.h. die Brandsohle und der Oberschuh mit doppeltem Zwirn vernäht.

Brustgurt

Teil des Rucksacktragesystems. Er soll die Schultergurte auf den Schultern fixieren und die Last verteilen. Er sollte knapp unter dem Schlüsselbein verlaufen, um nicht zu sehr auf die Lunge zu drücken und somit die Atmung zu behindern.

Cambrell

ist ein antibakteriell ausgestatteter Nadelfilz aus Polyamid, der nur noch selten bei Schuhen mit Membrane als Futter verwendet wird.

Ceplex

die atmungsaktive und wasserdichte Ausstattung von VAUDE gliedert sich wie folgt:

- Ceplex aktiv - ist eine Beschichtung mit einer Wassersäule von 15.000 mm und einem MVTR von 15.000 g/m²/24h
- Ceplex advanced - ist eine Membrane mit einer Wassersäule von 20.000 mm und einem MVTR von 20.000 g/m²/24h
- Ceplex pro - ist eine Membrane mit einer Wassersäule von 25.000 mm und einem MVTR von 25.000 g/m²/24h

Bei den ältere Varianten ceplex 2.000, 5.000, 10.000 und 15.000 handelt es sich um mikroporöse Beschichtungen mit der entsprechenden Wassersäule in der Namensgebung.

Chaintec

ein Cordura-ähnliches Material aus Nylon das es in verschiedenen Stärken von 500D bis 1.000D gibt. Jack Wolfskin verwendet es im Rucksackbereich.

Chill-Faktor, auch Chill-Effekt ☞ Windchill-Faktor.

ClimaProof

findet Anwendung in der Outdoor-Linie von adidas. Unterschieden wird nach:

- ClimaProof Wind - leichter, winddichter Wetterschutz mit einer Wassersäule von 400 - 1.500 mm

◆   ClimaProof Rain - wind- und wasserdicht mit einer Wassersäule von 1.500 -
     5.000 mm
◆   ClimaProof Storm - extrem witterungsbeständige Kleidung mit einer Wassersäu-
     le von mind. 10.000 mm

Climatex
ist eine atmungsaktive und mikroporöse PU-Beschichtung, die als Wind- und
Regeschutz dient. Sie wird von Globetrotter in den Hausmarken eingesetzt.

Cocona
feinste Kohlepartikel (aus verbrannten Kokosnussschalen) werden direkt in das
Garn eingearbeitet, sodass sie nicht herausgewaschen werden können.
Dadurch ist die Wäsche mit Cocona sehr schnell trocknend, geruchshemmend und weist einen UV-Schutz von UPF 25+bis zu UPF 50+ auf.

Comforttemp
Temperaturausgleichendes („phase-changing") Material aus Microkapseln.
Bei Anstrengung speichert es Wärme und gibt diese in Ruhephasen wieder
ab, der Körper bleibt warm.

Cool
ist ein Netzgewebe mit hervorragender Atmungsaktivität, welches in Unterwäsche und Socken verarbeitet wird.

Coolmax
diese aus 100 % PES von Invista (ursprünglich DuPont) hergestellte Faser
erlangt durch ein besonderes Herstellungsverfahren eine um 20 % größere
Oberfläche mit guten Feuchtigkeitstransporteigenschaften.
     Daher ist Coolmax extrem schnell trocknend. Neigt allerdings zu sehr
starker bakterieller Geruchsentwicklung

Cordura
Nylongarn von Invista (ursprünglich DuPont) aus 100 % PA. Zur Herstellung
werden geschnittene PA-Fasern erneut versponnen und dann verwebt. Cordura ist in verschiedenen Stärken erhältlich und um ein vielfaches reib- und

abriebfester als normales Nylon. Es wird bei hochwertigen Rucksäcken, Daypacks und Bekleidung verarbeitet. Einziger Nachteil: Cordura ist aufgrund seiner Struktur relativ schwer zu beschichten.

Corespun

Garn, bei dem ein Polyester-Kern mit Baumwolle umsponnen wird. Gewebe aus Corespun sind sehr reißfest, hautfreundlich und trocknen schnell. Wird auch als Nahtfaden bei Zelten und anderen Outdoor-Artikeln eingesetzt. Baumwolle quillt bei Nässe auf und dichtet Nahtlöcher einigermaßen ab. Weiterer Vorteil: Corespun schmilzt nicht bei Hitze aufgrund von hohen Nähgeschwindigkeiten.

Cup-Methode

eine der beiden Methoden (☞ Hautmethode), die Atmungsaktivität von Membranen/Beschichtung zu ermitteln. In einer Klimakammer wird festgestellt, wieviel Wasserdampf die jeweilige Membrane passieren lässt. Das Ergebnis wird als MVTR-Rate angegeben ($g/m^2/24h$).

Dacron

eine aus 100 % PES bestehende Faser von DuPont, die oft als Ausgangsmaterial für Polartec und sehr viele Kunstfaserschlafsack-Füllungen dient (z.B. Quallofil, Hollofil).

Daunen

wachsen im Gefieder von Wasservögeln (Enten, Gänse) und werden als Isolierfüllung in Schlafsäcken oder Wärmekleidung verwendet. Viele von einem Kern strahlenförmig ausgehende Verästelungen binden extrem viel Luft und bieten deshalb beste Isolation.

Weitere Vorteile: extrem komprimierbar, leicht und sehr langlebig.

Nachteil: teuer und feuchtigkeitsempfindlich.

Zwei Möglichkeiten zur Qualitätsbestimmung: 1. Fillpower (☞ Loft, Bauschkraft) und 2. Daunenmischungsverhältnis. Die Qualität hängt von Herkunft, Größe der Tiere, Rupfungszeitpunkt, Aufbereitung und Weiterverarbeitung ab. Die besten Rohqualitäten kommen von ausgewachsenen Tieren, meist Gänsen aus kalten Gegenden wie nördliches China, Sibirien, Osteuropa, USA und Kanada. Beim Rupfen wird zwischen Lebend- und Totrupf unterschieden.

Daunen-Mischungsverhältnis

gibt die Zusammensetzung der Füllung an. Ein Mischungsverhältnis 90/10 nach Gewichtsprozenten bedeutet: 100 g Füllung enthalten mindestens 90 g Daune. Je höher der Daunenanteil einer qualitativ gleichwertigen Füllung, desto höher die Isolation. 100 % Daunenanteil ist technisch nicht möglich - 94/6 ist das höchste aktuell technisch realisierbare Mischverhältnis.

Früher wurde das Mischverhältnis auch in Volumenprozenten angegeben, was zu Irritationen führte, da 15 g Daune in etwa das gleiche Volumen haben wie 85 g Federn.

Hochwertige Daunen brauchen keine Stützfedern zur Stabilisierung, aber ein größerer Federanteil macht Füllung weniger druck- und feuchtigkeitsempfindlich. Nur als Ergänzung zur Fillpowerangabe zu sehen, da keine Aussage über Qualität der verwendeten Daune möglich ist.

Daypack = Tagesrucksack ☜ Seite 100

Delrin

Bezeichnung für einen extrem hochwertigen Acetat-Kunststoff, der u.a. bei Rucksackschnallen und Tragesystemen eingesetzt wird.

Denier (D oder den)

die Einheit für die Stärke von Garnen oder Fasern in Gramm pro 9.000 m Garn/Faser. 100 den sagt aus, dass aus 100 g des Ausgangsmaterial 9.000 m dieser Faser/dieses Garns hergestellt werden. Je feiner ein Gewebe, desto geringer die Denier-Zahl (z.B. Mikrofasern mit einer Filementstärke von unter 1 den). Im deutschsprachigen Raum durch das Tex-System (☞ Dezitex) ersetzt.

Dermizax

Membrane von Toray (Japan), die z.B. von Bergans als 2- und 3-Lager eingesetzt wird.

- ◆ Dermizax - porenlose Membrane als 2-Lager Wassersäule von mind. 20.000 mm, MVTR von 10.000 g/m²/24h
- ◆ Dermizax - porenlose Membrane als 3-Lager Wassersäule von mind. 20.000 mm, MVTR von 8.000 g/m²/24h
- ◆ Dermizax EV - porenlose Membrane als 2-Lager Wassersäule von mind. 20.000 mm, MVTR von 20.000 g/m²/24h
- ◆ Dermizax EV - porenlose Membrane als 3-Lager Wassersäule von mind. 20.000 mm, MVTR von 16.000 g/m²/24h
- ◆ Dermizax MP - mikroporöse Membrane als 2-Lager Wassersäule von mind. 20.000 mm, MVTR von 18.000 g/m²/24h
- ◆ Dermizax MP - mikroporöse Membrane als 3-Lager Wassersäule von mind. 20.000 mm, MVTR von 13.000 g/m²/24h

Dezitex (dtex)

Metrische Einheit für die Stärke von Garnen oder Fasern:
1 dtex = 1 g/1.000 m Garn/Faser (☞ Denier, ☞ Tex-System).

Dorlastan

Elastikfaser auf Polyester- und Polyurethanbasis, die immer zusammen mit anderen Garnen verarbeitet wird. Die Elastizität der Faser steigert den Tragekomfort.

Dreilagen-Laminat

Außenstoff, Membrane und Innenfutter werden bei dieser Verarbeitungsmethode zu einem zusammenhängenden Stoff laminiert. Abhängig vom Außenstoff wird eine sehr gute bis extreme Stabilität und Haltbarkeit erreicht. In der Regel ist die Atmungsfähigkeit nicht ganz so gut wie bei Zweilagen-Laminaten, dies ist aber auch abhängig vom verwendeten Außenstoff. Dreilagen-Laminate haben einen steifen Griff und wegen ihrer Dicke einen etwas gewöhnungsbedürftigen Tragekomfort.

Drilite

PU-Beschichtung mit 2.000 mm Wassersäule. Wird als winddichtes, stark wasserabweisendes und hoch atmungsaktives Außenmaterial bei Daunenjacken und Schlafsäcken eingesetzt.

Drop-Seat

Angenehmes Detail bei Latzhosen: Hose muss für das große Geschäft nicht ausgezogen werden, nur der hintere Teil wird weggeklappt und die Hose durch die vorne befestigten Hosenträger an Ort und Stelle gehalten. Andere Versionen haben einen Reißverschluss oder eine Klappe im Schritt

📖   „How to shit in the woods - Wie man im Wald sch...", Ulrike Katrin Peters & Kars-
ten-Thilo Raab, Conrad Stein Verlag, Basiswissen für draußen Band 103,
ISBN 978-3-86686-279-1, € 8,90

Drop-Tail

Der Rückenbereich ist länger geschnitten als der vordere Saum. Dadurch werden Nierengegend und Gesäß geschützt, ohne dass die Bewegungsfreiheit eingeschränkt wird.

Drylite

Ein atmungsaktives, leichtes und knitterfreies Gewebe aus 85 % Nylon und 15 % Polyester. Daher wird es gerne als Reisebekleidung eingesetzt.

Dryskin

Dauerelastisches, abriebfestes und leichtes Gewebe mit hohem Feuchtigkeitstransport von Schoeller.

DRYtech

Wind- und wasserdichtes, atmungsaktives Laminat von Mammut mit hoher Stretchfähigkeit, was bei der Bekleidung zu einem hohen Tragekomfort führt.

Je nach verwendetem DRYtech liegt die Wasserdichtigkeit zwischen 10.000 bis 20.000 mm g/m²/24h und der MVTR zwischen 10.000 bis 20.000 g/m²/24h.

Duraflex

Ein Hersteller hochwertiger Kunststoffschnallen.

DWR

„Durable water repellent finish", zu deutsch: wasserabweisende Ausrüstung eines Gewebes oder auch einfach „Imprägnierung".

Dynamic
Ein sehr strapazierfähiges und gleichzeitig elastisches Funktionsmaterial in verschiedenen Qualitäten von Schoeller.

Dynatec
ist ein extrem robustes Gewebe aus dem Hause Schoeller.

Effect
die antibakterielle Ausstattung von Wäsche mit Silberionen des Hauses Odlo.

Eingefasste Naht
Verhindert Ausfransen der Stoffenden, entweder durch Einsäumen oder extra Band (z.B. bei Rucksäcken).

Einhand-Bündchen
Armabschlüsse bei Jacken, die mit einer Hand zu bedienen sind.

Einhand-Schnürzüge
Ein Tanka ist mittels Schlaufe an der Ausrüstung befestigt, sodass ein Zug am Schnurzug genügt, um diesen enger oder weiter zu stellen. Sehr komfortabel.

Elasthan (EL)
Alterungs-, seewasser- und UV-beständiges Material, das zu 85 % aus PU besteht und z.B. für die Herstellung von Stretchgewebe-Bündchen verwendet wird, da die Dehnfähigkeit von Elasthan 480 ca. 800 % beträgt, ohne dass sich die Ausgangslänge vergrößert. Nachteil: empfindlich gegen hohe Temperaturen (Trockner) und trocknet relativ langsam. Bekanntester Markenname ist Lycra.

Entrant
Mikroporöse Beschichtung aus vom japanischen Hersteller Toray, die meist unter Fremdnamen vertrieben wird und abhängig von der Produktionsmethode und dem Trägermaterial in unterschiedlichsten Qualitäten erhältlich ist.

- ◆ Entrant GII - mikroporöse Beschichtung, Wassersäule von mind. 5.000 mm, MVTR von mind. 8.000 g/m²/24h
- ◆ Entrant V - mikroporöse PU-Beschichtung, Wassersäule von mind. 10.000 mm, MVTR von mind. 10.000 g/m²/24h
- ◆ Entrant W - mikroporöse PU-Beschichtung, Wassersäule von mind. 20.000 mm, MVTR von mind. 10.000 g/m²/24h
- ◆ Entrant HB - mikroporöse PU-Beschichtung mit porenloser PU-Membrane, Wassersäule von mind. 20.000 mm, MVTR von mind. 6.000 g/m²/24h
- ◆ Entrant DT 5000 - mikroporöse PU-Beschichtung mit „Dry Technologiy", Wassersäule von mind. 5.000 mm, MVTR von mind. 6.000 g/m²/24h
- ◆ Entrant DT 10000 - mikroporöse PU-Beschichtung mit „Dry Technologiy", Wassersäule von mind. 10.000 mm, MVTR von mind. 8.000 g/m²/24h
- ◆ Entrant DT 20000 - mikroporöse PU-Beschichtung mit „Dry Technologly", Wassersäule von mind. 20.000 mm, MVTR von mind. 5.000 g/m²/24h

Endlosfasern
sind aus einer Düse gespritzte, extrem lange und sehr reißfeste Textilfasern, z.B. Grundlage für Polarguard.

Etaproof
Extra dicht gewebtes, winddichtes, extrem wasserabweisendes (750 mm) und hoch atmungsaktives (RET 6) Gewebe aus langstapeliger Baumwolle.

Evazote (EVA)
Aus Ethylene-Venyl-Acetat bestehender, geschlossenzelliger mit Luft geschäumter Schaumstoff. Das Material ist sehr reißfest, knickstabil und formbeständig (auch bei großer Hitze und Sonneneinstrahlung) und wird bei hochwertigen Isomatten und Rucksackgurten verwendet.

event
Ist eine Membrane des kanadischen Herstellers BHA Group Inc. und basiert auf ePTFE (Teflon). Aufgrund der speziellen Fertigung leitet sie den Schweiß sofort nach Entstehen weiter. Event zählt mit einer Wassersäule von mind. 10.000 mm und einem MVTR, der doppelt so hoch wie bei vergleichbaren Membranen sein soll, zu den atmungsaktivsten Membranen auf dem Markt.

Faserpelz

Der Großvater des heutigen Fleece aus Polyamid ist der Oberbegriff für aufgebürstete Strickwaren, die umgangssprachlich mit Fleece gleichgesetzt werden. Bei der Herstellung wird die Trägerstrickware aufgebürstet bzw. aufgekämmt und dann je nach gewünschter Dicke abgeschoren.

Faserpelz ist als ein- und als beidseitige (doppelt gebürstete) Ware in unterschiedlichen Stärken und Ausführungen erhältlich und besteht in der Regel aus PES ☞ Polyester. Er nimmt fast keine Feuchtigkeit auf, wiegt wenig, ist aber voluminös.

Fastex

ist einer der führenden Hersteller von hochwertigen Kunststoffschnallen.

Federn

Ein Anteil von Daunenfüllungen: Federn isolieren zwar nicht, stützen aber die Daunen bei Nässe und Druck.

Fieldsensor

Hydrophobes, wasserabweisendes Garn aus Hohlfasern vom japanischen Hersteller Toray. Die Kapillarwirkung und große Faserabstände sorgen für hervorragenden Feuchtigkeitstransport.

Filament

ist eine Textilfaser mit unbegrenzter Länge. Aus einem (Monofilament) oder mehreren Filamenten (Multifilamenten) wird das Garn gesponnen, das zu textilen Fäden weiterverarbeitet wird. Ein Filament entspricht einem einzelnen Draht eines Stahlseiles.

Fillpower

wird in cuin (cubic inches) gemessen, ☞ Loft.

Filz

Aus einzelnen Wollfasern unter Feuchtigkeit, Reibung und Wärme gewonnener, dichter Vlies, kein Gestrick. Nahezu winddicht, beste Isolation, scheuerfest aber schwer.

Flachnähte
sollten bei Unterwäsche Standard sein, da Flachnähte nicht scheuern und auftragen.

Fleece
feines, flauschiges Polyestergewebe in verschiedenen Stärken aus Fasern unterhalb von 1 dezitex aus Polyester, mit dichter, flauschiger Oberfläche. Die Eigenschaften sind: leicht, robust, nimmt kaum Feuchtigkeit auf und speichert in vielen Verästelungen des Gestricks viel isolierende Luft.

Hochwertiges Fleece stammt z.B. von Malden Mills/USA (Polartec), Pontetorto/I, Eschler/CH oder Trevira/D. Hinter ☞ Polartec verbirgt sich eine Reihe von Fleecematerialien für unterschiedliche Temperatur- und Einsatzbereiche.

Wird von Unterwäsche, über Socken, Mützen bis zu Jacken verarbeitet. Erhältlich auch in elastischen Qualitäten und/oder mit winddichter Ausstattung.

Funktion65
Ein robustes von Jack Wolfskin verwendetes Polyester (65 %)-Baumwoll (35 %)-Mischgewebe. Teilweise wird es mit PU-Beschichtungen ausgestattet.

G-1000
Eines der ersten Funktionsmaterialien auf dem Outdoormarkt. Reißfestes, schnelltrocknendes, stichfestes Mischgewebe (65 % Polyester, 35 % Baumwolle) für Bekleidung von FjällRäven. Mit einem speziellen Wachs kann der Endkunde die Textilien wasserabweisend ausrüsten.

Garn
Korrekter Begriff für den volkstümlichen Begriff Faden.

Getapte Nähte ☞ Bandverschweißte Nähte

GORE-TEX®
Dieser Markenname ist Synonym für alles, was wasserdicht, winddicht und atmungsaktiv ist; benannt nach dem Erfinder W.L. Gore.

GORE-TEX® Membrane (GTX)

Die wohl bekannteste, wasserdichte Klimamembrane ist eine dünne, wind- und wasserdichte Membrane aus Teflon (Polytetrafluorethylen, PTFE) die auf mindestens ein Trägermaterial aufgebracht wird. Durch ein spezielles Streckverfahren bilden sich Millionen kleinster Poren (ePTFE = expanded Polytetrafluorethylen), denen GORE-TEX® seine Atmungsaktivität verdankt. Der Porendurchmesser ist 700 mal größer als ein Wasserdampfmolekül und 20.000 mal kleiner als ein Wassertropfen.

Damit kann Wasser von außen nicht eindringen, aber Körperfeuchtigkeit wird in Form von Wasserdampf nach außen durchgelassen. Voraussetzung für die optimale Funktion ist ein Temperatur- und Dampfdruckgefälle vom Inneren der Kleidung nach außen.

Die Wassersäule wird für alle Gore-Tex-Laminate (ausgenommen GORE-TEX® Active Produkten mit mind. 18.000 mm) mit mind. 28.000 mm beziffert. Unterschieden wird nach Einsatzbereich:

♦ GORE-TEX® Active Produkte - mit einer speziellen Fertigungstechnologie werden Futter, eine **dünnere** Membrane und ein **leichtes** Obermaterial zu einem 3-Lager verarbeitet, der höchste Atmungsaktivitäts-Werte mit einem RET < 3 erreicht

♦ GORE-TEX® Produkte - klassische Produkte, vom Z-Liner über 2- und 3-Lager mit einem RET von 6 bis 13

♦ GORE-TEX® Pro Produkte - robuste 2- und 3-Lager für anspruchsvolle Einsätze, RET < 6

▷ **Entsorgung**: GORE-TEX® Bekleidung kann über den Hausmüll entsorgt werden. Sie enthält PTFE (Polytetrafluorethylen) als Membranmaterial, das nur aus Kohlenstoff und Fluor besteht. Die Verbindung ist frei von Chlor, Schwermetallen, Weichmachern oder Stabilisatoren. GORE-TEX® Bekleidung kann bei 850°C in Hausmüllverbrennungsanlagen verbrannt werden.

Dabei entsteht Kohlendioxid und Fluorwasserstoff, das in den Rauchgasreinigungsanlagen zu ungiftigem Flussspat umgesetzt wird. Auf der Deponie kann PTFE aufgrund seiner chemischen Zusammensetzung nicht zur Bildung von giftigen Sickerwässern oder Deponiegasen beitragen.

Gummi

bildet den Oberbegriff für hochelastische Materialien, die ursprünglich aus Naturkautschuk durch Vulkanisierung hergestellt wurden. Durch die Umsetzung mit Schwefel (Vulkanisation) wird löslicher Kautschuk in elastischen, unlöslichen Gummi verwandelt. Heute kommt fast ausschließlich synthetisches Gummi zum Einsatz. Zu den wenigen Ausnahmen gehören z.B. hochwertige Gummistiefel.

Gyro

Klassisches Außengestelltragesystem von Fjällräven, das durch Metallflügel eine hervorragende Lastübertragung direkt in Mitte der Körperachse gewährleistet.

Hautmodell

Die zweite Methode (☞ Cup-Methode), um die Atmungsaktivität einer Membrane zu bestimmen. Bei diesem Test wird gemessen, wie stark der Widerstand ist, den ein bestimmter Stoff dem Wasserdampf entgegensetzt.

Dieser Widerstand wird als RET-Wert ☞ Seite 164 (Resistance to Evaporate Heat Transfer) angegeben.

H2No

ist die Bezeichnung für die wasserdichte und atmungsaktive Ausstattung von Patagonia. Es gibt H2No als 2, 2,5 und 3-Lager. Materialien, die hierfür infrage kommen, müssen im Neuzustand eine Wassersäule von 20.000 mm haben. Nach einem 24-stündigen „Kill Wash" mit ständigen Knicken und Scheuern, was den jahrelangen Gebrauch simuliert, müssen sie immer noch eine Dichtigkeit von 10.000 mm aufweisen.

H2OFF

ist ein winddichtes und wasserabweisendes Polyester-Mikrofaser-Gewebe aus dem Hause Toray mit einer Wassersäule von 500 mm.

Heißschneiden

(engl. Hot Cutting) ist eine teure und zeitintensive, nur von wenigen High End Schlafsack-Herstellern (Western Mountaineering, Feathered Friends,

Integral Designs) praktizierte Technik: Stoffbahnen werden mit lötkolbenähnlichem Gerät, einem sog. Heißschneider, einzeln (!) zugeschnitten. Die Stoffenden verschmelzen und können nicht mehr ausfransen. Erhöht Haltbarkeit der Produkte. Stark beschichtete Gewebe können prinzipiell nicht ausfransen.

helly tech
bezeichnet die wasserdichte und atmungsaktive Ausstattung des norwegischen Herstellers HellyHansen.

Zeigt her, eure Schuhe ...

Hinterkappe
Teil des Schuhs. Stabilisiert den Schaft im Fersenbereich. Sollte bereits vor dem Verkleben geformt werden, damit der Schuh besser steht und formstabiler ist.

Hohlfasern
Oberbegriff für rohrartige PES-Fasern (bis zu 7 Kanäle). Durch die rohrartige Form dieser Fasern wird bei geringerem Gewicht ein höherer Luftein-

schluss und damit eine bessere Isolation als bei Vollfasern erreicht. Je höher der Hohlheitsgrad, desto weicher, leichter, und wärmer, aber auch weniger robust. Hersteller experimentieren mit runden, dreieckigen, viereckigen Hohlräumen, um den höchsten Hohlheitsgrad zu erreichen.

Darüber hinaus ziehen die Fasern Feuchtigkeit an, d.h., sie sind hydrophil. Die Feuchtigkeit verschwindet im Kanal der Faser und wird von dort ohne weiteren Kontakt zur Haut an die Oberfläche abgegeben. Hohlfasern kommen vielfach in Form von Wattierungen als Isolierung zum Einsatz und werden vor allem in Schlafsackfüllungen verarbeitet.

Hollowfibre ☞ Hohlfasern

Hüftgurt
Teil des Rucksacktragesystems. Beim Rucksack sollte die Last zu 70 % auf die Hüfte übertragen und nur zu 30 % auf den Schultern liegen, um Nacken und Rücken zu entlasten. Gute Hüftgurte sind aus mehrlagigem Schaum unterschiedlicher Härtegrade aufgebaut und anatomisch vorgeformt. Innen sorgt weicher Schaum für Komfort, außen härtere Qualitäten für eine gute Lastübertragung. Gute Hüftgurte sind durch Kunststoff-Formteile versteift.

Hydratic
die atmungsakive, wind- und wasserdichte Ausstattung von Textilien aus dem Hause FjällRäven.
♦ Hydratic - hier kommen Membrane, Z-Liner und Beschichtung zum Einsatz, Wassersäulen 5.000 - 20.000, MVTR 3.000 - 15.000 g/m²/24
♦ Hydratic S (wie silent) - besonders geräuscharm
♦ Hydratic IQ - reagiert auf die Körperwärme, bei Anstrengung erwärmt sich das Material und lässt den Schweiß schneller entweichen, bei niedrigen Temperaturen wirkt es dem Wärmeverlust des Körpers entgegen indem es sich zusammenzieht.

Hydrophile Fasern
ziehen Wasser an und können relativ viel Feuchtigkeit aufnehmen. Die Feuchtigkeit wird von der Haut nach außen abgeleitet, wo sie verdunstet. Die Haut bleibt so relativ trocken und warm.

Hydrophobe Fasern

stoßen Wasser ab. Diese Fasern speichern keine Feuchtigkeit im Kern sondern leiten sie ab und trocknen daher schnell. Kaum Gewichtszunahme durch Wasseraufnahme. Fasern können geschlossen oder offen hydrophobiert werden. Geschlossene Hydrophobierung (oft als PU-Beschichtung) ist nicht atmungsaktiv und versiegelt Gewebe. Bei offen hydrophobierten Geweben (oft auf Fluor- oder Silikonbasis, z.B. bei Oberleder von Schuhen) nimmt nur die Faser selbst wasserabweisende Eigenschaften an, die Zwischenräume bleiben offen und lassen Wasserdampf entweichen. Hydrophobe Materialien sind vor allem bei Obermaterialien von Funktionsbekleidung und bei Schuhen von Vorteil.

Hydroseal

1.   Extrem robustes, auch bei tiefsten Temperaturen noch flexibles mit einem Elastomer wasserdicht beschichtetes Material (über 140.000 mm Wassersäule) mit Anti-Schimmel-Ausrüstung. Wird von Outdoor Research als Bodenmaterial für Biwaksäcke und für wasserdichte Packsäcke verwendet. Kann getaped werden.

2.   Eine wasserdichte und atmungsaktive mikroporöse PU-Membrane, die von The North Face für Schuhe Verwendung findet.

Hypalon

Von DuPont durch Chlorsulfonierung von PE hergestelltes, alterungs-, wetter- und UV-beständiges gummiartiges Material (Beschichtung von Schlauchbooten).

HyVent

Die mikroporöse Polyurethan-Beschichtung, die im Hause North Face für Wind-, Wasserdichtigkeit und Atmungsaktivität sorgt wird mit einer Wassersäule von 20.000 mm angegeben.

IllumiNITE

Bei diesem reflektierenden Material werden Reflektoren aufgebracht und wirken wie Tausende von kleinen Spiegeln. Wird in Rucksäcken und Bekleidung verarbeitet und bietet perfekten Schutz bei Dunkelheit und schlechter Witterung.

Imprägnierung

ist die wasserabweisende Ausrüstung eines Stoffes oder von Leder. Die Qualität wird über den ☞ Spraywert ermittelt: nach Berieselung mit ¼ Liter Wasser wird das Abperlverhalten optisch bestimmt. Je besser die Behandlung, desto besser perlt Wasser ab. Je hochwertiger die Imprägnierung, desto haltbarer. Bei Gebrauch und Wäsche nimmt die Grundausrüstung ab, wird aber durch Hitze im Trockner oder Aufbügeln bis zu einem gewissen Maß reaktiviert. Empfehlenswert: bei nachlassender Leistung nachimprägnieren.

Innengestell

Der Rucksackrücken ist durch ein oder zwei Alustreben und/oder Gestänge, Bögen aus Fiberglas, Karbon oder durch Kunststoffrahmen versteift. Beste Innengestellrucksäcke erreichen die Lastübertragung von Außengestellrucksäcken. Vorteil: schlanke Packsäcke, gute bis sehr gute Stabilität am Rücken.

Insertlaminat

Die Membrane wird auf einen dünnen Trägerstoff laminiert und wie beim Z-Liner zwischen Ober- und Futterstoff frei eingehängt.

Beispiel für 2,5-Lagen Laminat

Jeff Green

arbeitet mit PU-Membranen als

♦   2,5-Lager, Wassersäule von 12.000 mm, MVTR von 8.000 g/m²/24h
♦   3-Lager, Wassersäule von 28.000 mm, MVTR von 18.000 g/m²/24h

Juchtenleder

Pflanzlich gegerbtes Leder, das zusätzlich zur üblichen Fettung mit Birkenrindenteer imprägniert wird.

Kältebrücken

sind nicht isolierende Stellen bei Schlafsäcken und Wärmekleidung. Kältebrücken entstehen z.B. an durchgesteppten Nähten, schlecht abgedeckten Reißverschlüssen, zu niedrigen oder zu vielen Kammerwänden.

Kapillartransport

Möglichkeit des Wasserdampftransportes bei Textilien, vor allem bei Funktionsunterwäsche. Ganz feine Röhrchen (Kapillaren) haben die Eigenschaft, Wasser aufzunehmen und weiterzuleiten.

Bei Textilien befinden sich diese Kapillaren in den Zwischenräumen der Fasern und in den feinen Spalten an den Berührungspunkten der einzelnen Fasern. Auf der körpernahen Seite des Textils nehmen diese Kapillaren also Wasser auf, transportieren sie durch das Textil auf die Außenseite, wo es dann verdampft. Je benetzbarer (hydrophiler) das Gewebe ist, desto besser funktioniert der Feuchtigkeitstransport.

Kammern

Die Daunen bei Schlafsäcken und Jacken werden in Kammern eingenäht, damit sie nicht verrutschen. Je nach Querschnitt der Kammern unterscheidet man H-, V-, Schräg- oder Trapezkammern.

Keprotec

ist ein Mischgewebe aus Cordura, Dynafil TS-70, Kevlar und Polyurethan von Schoeller, mit besonderer Abriebfestigkeit. Im Outdoorbereich wird es häufig als Verstärkung von Handschuhen und Gamaschen eingesetzt.

Kevlar

Para-Aramid-Faser (aromatisiertes PA) von DuPont, die sich durch besonders hohe Reißfestigkeit, Abriebfestigkeit und Hitzebeständigkeit auszeichnet. Aufgrund dieser Eigenschaften wird Kevlar vielfach mit anderen Materialien verarbeitet, um deren Strapazierfähigkeit zu erhöhen. Nicht sehr UV-beständig. Die Kunstfaser wird unter anderem im Flugzeugbau, bei kugelsicheren Westen, bei Kanus und im Outdoorbereich für robuste Bekleidung verwendet.

Kodel
ist eine Polyesterfaser mit einem spezifischen Gewicht von 1,22 g/cm² und einem Schmelzpunkt von 292°C. Das geringe Gewicht qualifiziert Kodel als erstklassiges Füllmaterial für Bekleidung und Schlafsäcke.

Kodra
Cordura-ähnliches Nylongewebe, wird u.a. bei Rucksäcken an stark beanspruchten Stellen verarbeitet, z.B. im Boden.

Kofferrucksack
oder Reiserucksäcke sind eine Mutation des Trekkingrucksacks. Ihr Tragesystem ist meist nicht ganz so aufwendig, trotzdem lässt sich der Rucksack auch längere Zeit bequem auf dem Rücken tragen. Beim Transport verschwindet das Tragesystem hinter einer Abdeckung und der Rucksack sieht mehr nach einer Reisetasche aus. Kofferrucksäcke lassen sich bequem wie ein Koffer beladen.

Kompaktbeschichtung/Kompaktmembran
Im Gegensatz zu mikroporösen Beschichtungen/Membranen weisen Kompaktbeschichtungen/Membranen keine Poren auf und bestehen aus verschiedenen Polymeren, z.B. aus PES. Kompaktbeschichtungen sind ebenfalls wasserdicht. Ihre Atmungsfähigkeit erreichen Kompaktbeschichtungen/Membranen auf chemischem Wege und können wie GORE-TEX® Membranen verarbeitet werden. Sofern ein Temperaturgefälle zwischen der Innen- und Außenseite der Membrane besteht, wird Wasserdampf mit Transportmolekülen zur Außenseite transportiert. Das bekannteste Beispiel für eine Kompaktbeschichtung/Kompaktmembran ist ☞ Sympatex.

Kompressionsriemen
komprimieren und stabilisieren den Packsack. Dadurch bringen sie die Last des Rucksacks näher an den Rücken, verbessern den Sitz und damit den Tragekomfort. Bei Kurztouren lässt sich der Rucksack so auf die passende Größe verkleinern.

Trotz Regen bleibt Aurelia unter dem Poncho trocken (📷 Retterath)

Kondenswasser

tritt im Outdoorbereich vor allem in Zelten und bei Regen innerhalb der Kleidung auf. Zusätzliche Belüftungsöffnungen und gut imprägnierte Gewebe können Kondenswasserbildung verringern.

Kurzfasern

oder Stapelfasern, watteähnlicher Isolationsvlies aus unzähligen, ineinander verzahnten, feinen, wenige Zentimeter langen Fasern (z.B. Quallofil, Hollofil). Im Vergleich zu Endlosfasern nicht so reißfest, deshalb nicht in Schindeltechnik zu verarbeiten. Sollten mit Trägervlies verarbeitet werden.

Lageverstellriemen

auch Lastkontrollriemen, sind Teil des Rucksacktragesystems. Sie verbinden die Schultergurte mit dem Packsack, sollten im Winkel von 30° bis 45° vom Schlüsselbein aus ansteigen und den Rucksack stabilisieren. Bei sehr guter Lastübertragung können Schultern entlastet werden: Schultergurte etwas lockern und Lastkontrollriemen anziehen bis Schulter entlastet ist.

Lambswool
Wolle von bis zu sechs Monate alten Schafen, die besonders fein ist, Länge bis max. 50 mm.

Laminierung
Dieser Begriff bezeichnet die feste Verbindung verschiedener Materialien durch Aufkleben, wobei der Klebstoff zumeist nicht großflächig, sondern in Abständen punktförmig aufgetragen wird. Besonders bei der Verarbeitung von Klimamembranen (GORE-TEX®, Sympatex, etc.) wird auf diese Technik zurückgegriffen.

Lastkontrollriemen ☞ Lageverstellriemen

Lendenpolster
Teil des Hüftgurtes bzw. des Rucksacktragesystems, das den Lendenwirbelbereich stützt.

Lexan
ist ein sehr bruchfester, aber dennoch leichter Kunststoff aus Polycarbonat, der lebensmittelecht und temperaturbeständig ist.

Loft
Bauschvolumen oder Isolierwandstärke einer Schlafsack- oder Bekleidungsfüllung. Je hochwertiger das Füllmaterial, desto größer ist der Loft und damit die Wärmespeicherkapazität.

Lycra
ist eine Faser aus 85 % PU und 15 % PEG von Invista (ursprünglich DuPont), die eine sehr hohe Elastizität und wesentlich höhere Lebensdauer aufweist als Gummi und daher häufig bei der Herstellung von Bündchen und Säumen in Bekleidung zum Einsatz kommt. Wird mit anderen Fasern kombiniert, wobei flexibles Lycra als Kern gebraucht und von der anderen, starren Faser umwunden wird. Dies bewirkt eine Dehnbarkeit um das 4- bis 7fache der Ausgangslänge.

Malden Mills

ist der führende Fleece-Produzent aus den USA ☞ Polartec.

Maschenware

(engl. Knitted Fabrics) Sammelbegriff für alle Wirk- und Strickwaren.

MCS

Moisture Control System, eine Ausrüstung für Synthetikgewebe von Burlington. Verbessert Feuchtigkeitstransport sowie Trockenverhalten.

MCS Blocker

Ist ein sehr dicht gewebtes Kunstfasergewebe, dass einen Schutz vor UV-Strahlung von UPF 30+ aufweist.

Membrane/Klimamembrane

Klimamembranen sind wasserdicht und dabei atmungsaktiv. Ihrer Atmungsaktivität kommt aber nur dann zum Tragen, wenn ein Temperaturgefälle von der Innen- zur Außenseite besteht. Ist dies nicht der Fall findet keine Atmungsaktivität statt. Aufgrund ihrer Funktionsweise unterscheidet man zwischen mikroporösen Membranen (wie GORE-TEX®, event) und Kompaktmembranen (Sympatex) ☞ Membranen, Seite 22.

MemBrain

bezeichnet die hauseigene Technologie für wasserdichte und atmungsaktive Ausstattung von Marmot. Es wird mit einer Wassersäule von 20.000 mm und einem MVTR von 20.000 g/m²/24h angegeben.

Merinowolle

Mit einem Durchmesser von 13 bis 25 μm im Vergleich zu der „normalen" Wolle (30 bis 50 μm) ist sie deutlich feiner und wird dadurch nicht mehr als kratzig empfunden. Sie wird aus dem Haar des Merino-Schafes gewonnen und kommt hauptsächlich aus Australien.

Sie ist stark gekräuselt, sehr fein, weich und geruchshemmend, was sie zur bevorzugten Wollsorte bei Bekleidungstextilien, z.B. Socken und Unterwäsche macht.

Meryl
Mikrofaser aus Polyamid.

Mesh
Netzgewebe, meist auf Polyesterbasis, das häufig als Innenfutter von Funktionsjacken eingearbeitet wird, um Feuchtigkeit möglichst schnell an das Klimamaterial weiterzugeben. Rückenpolster bei Rucksäcken werden wegen der Feuchtigkeitsleitung und der Belüftungseigenschaften oft mit Meshgewebe überzogen.

MFS
Memory Foam System steht für einen speziellen Schaumstoff, der auf die Körpertemperatur reagiert, sich entsprechend verformt und sich z.B. der Fußform anpasst. Meindl setzt das MFS bei einigen Wanderschuhen ein.

Microloft
alte Bezeichnung für ☞ Thermolite.

Mikrofasern
Sammelbegriff für Chemiefasern auf Polyester-, Polyamid- oder Polypropylenbasis mit einer Filamentstärke von 0,3-1,0 dtex. Das heißt, 10.000 m der entsprechenden Faser wiegen maximal 1 g. Ein um den Äquator geschlungener Faden würde ca. 450 g wiegen. Zum Vergleich: die feinste Naturfaser ist Seide mit 1,3 dtex.

Mikroporöse Beschichtungen/Mikroporöse Membranen
♦   **Mikroporöse Beschichtungen** werden bei ihrer Herstellung als Paste auf das Trägergewebe aufgebracht.

♦   **Mikroporöse Membranen** werden als Folien hergestellt und später auf das Trägergewebe laminiert.

Der Vorteil von Beschichtungen ist, sie können nicht delaminieren, sich also vom Trägergewebe lösen. Mikroporös sind Beschichtungen und Membranen im Unterschied zu Kompaktbeschichtungen, wenn sie kleine Poren aufweisen, durch die Wasserdampf nach außen entweichen kann. Die das System antreibende Kraft ist ein Dampfdruckgefälle, im Wesentlichen ausgelöst durch ein Temperaturgefälle von innen nach außen. Daraus erklärt sich die sommerliche Atmungsunfähigkeit bzw. Tropenuntauglichkeit von Klimamembranen.

Ein Beispiel für eine mikroporöse Beschichtung ist Texapore von Jack Wolfskin. Dagegen ist GORE-TEX® eine mikroporöse Membrane, im Gegensatz zu Sympatex, eine Membrane ohne Poren.

Mikrofasern

sind extrem feine Fasern aus Polyester oder Polyamid, die engmaschig verwebt sind; bis zu 8.000 Filamente pro cm². Sie sind federleicht, seidenweich, reißfest und angenehm im Griff, winddicht und stark Wasser abstoßend; 600 bis 800 mm Wassersäule (☞ wasserdichte Bekleidung). Daraus entstehen luftige Stoffe für Oberbekleidung (Pertex, Meryl, Tactel etc.).

Mischgewebe

kombinieren die Eigenschaften mehrerer Fasern. Üblich ist die Mischung von Polyester/Polyamid mit Baumwolle, um die Vorteile dieser Fasern in einem Gewebe zu vereinen. Durch die Kunstfaser trocknet das Gewebe schneller, wird abriebfester, pflegeleichter und unempfindlicher gegen Schmutz. Der Anteil an Baumwolle verleiht dem Gewebe den baumwolltypischen Griff und Tragekomfort.

Mischgewebe werden vor allem bei Outdoorbekleidung und teilweise auch im Rucksackbau eingesetzt. Beispiel: G-1000 von Fjällräven, AzTec von MacPac und Funktion 65 von Jack Wolfskin.

Modal

wird aus der natürlichen Zellulose des Buchenholzes gewonnen. Durch eine andere chemische Verarbeitung wie bei der ebenfalls aus Zellulose hergestellten Viskose, wird eine deutlich höhere Reißfestigkeit erlangt. Oft wird Modal mit Baumwolle kombiniert, was dem Kleidungsstück mehr Glanz verleiht.

Monofilament

Garn besteht nur aus einem ☞ Filament.

Moonlite Pile

ist ein bedingt winddichter Polyesterfleece von Outdoor Research, der wenig pillt (☞ Pilling).

MPC

(Mirro Porious Coating), ist die Bezeichnung des schwedischen Herstellers Tenson für die wasserdichte und atmungsaktive Ausstattung ihrer Produkte - u.a. wird hierfür ☜ Dermizax von Toray eingesetzt.

Multifilament

Garn, das aus mehreren ☜ Filamenten besteht.

Für jeden Abenteurer die passende Ausrüstung (📷 Dastig)

MTI

ist eine von Ajungilak (Mammut) hergestellte Mischung aus elastischen Spiral-, Hohl- und feinen Microfasern, die als Füllmaterial für Schlafsäcke eingesetzt wird. Je nach gewünschter Isolierleistung wir das Mischverhältnis festgelegt.

MVTR

Abkürzung für „Moisture-Vapor-Transmission-Rate" (zu Deutsch: Wasser-dampfdurchgangsrate), einem Wert, der die Atmungsfähigkeit eines Materials angibt. Um die MVTR eines Gewebes zu ermitteln, wird unter standardisier-ten Laborbedingungen gemessen, wie viel Gramm Wasser innerhalb von 24 Stunden durch 1 m² des Materials hindurch verdampfen kann. Die Ein-heit ist $g/m^2/24h$.

Nano-Tex

Durch eine entsprechende Nano-Ausstattung der Gewebefasern werden Textilien schmutz- und wasserabweisend. Selbst Öl und Cola bleiben an so ausgerüsteten Textilien nur schwer haften und können mühelos abgespült werden. Aufgrund der Studie „Nanotechnik für Mensch und Umwelt" des Umweltbundesamtes in 2009, wo die gesundheitliche Unbedenklichkeit von Nano-Partikeln nicht festgestellt werden konnte, wird die Nano-Technologie kaum noch eingesetzt.

Nanuk

bezeichnet die hauseigenen Fleece von Jack Wolfskin. Es gibt sie in den unterschiedlichsten Stärken.

Nappaleder

Das vollnarbige, tuchweiche Leder aus Schaf- und Ziegenfellen ist wenig reißfest, aber sehr anschmiegsam und kommt meist als Futter bei Trekking-schuhen zum Einsatz.

Nassfestigkeit

bezeichnet die Reißfestigkeit eines Materials im nassen Zustand. Bei vielen Chemiefasern, Wolle und Seide ist sie geringer als in trockenem Zustand. Angaben in Prozent der Trockenfestigkeit: Wolle 70 bis 90 %, Seide 75 bis 95 %, Viskose 45 bis 70 %, Modal 70 bis 80 %, Nylon 80 bis 90 %, Poly-ester 95 bis 100 % und Polypropylen 100 %.

National Molding

Amerikanischer Hersteller von hochwertigen Kunststoffschnallen.

Neoprene

Das schweißbeständige, nicht atmungsaktive, wasserdichte Polychloropren-Elastomer (Stärke 2-5 mm) von DuPont wird wegen seiner guten Wärmeisolation in Schaumform als Kälteschutzbekleidung (vor allem im Tauch- und Wassersport bei Hosen, Jacken, Long Johns, Socken, Schuhen) verwendet. Manchmal auch als extrem robuste, schwere Beschichtung bei Zeltböden oder für Accessoires. Nähte können verklebt werden. Nachteile: recht schwer, trocknet langsam, Geruchsentwicklung.

Nextec

Hersteller, der verschiedenste Gewebe sehr dauerhaft hydrophobiert, z.B. Encapsyl.

Nubuk

Das auf der Fellseite samtig geschliffene Rindsleder ist sehr kratzfest und bleibt nach dem Einwachsen sehr lange wasserfest. Es wird in speziellen Verfahren offen hydrophobiert, d.h., wasserabweisend ausgerüstet. Dabei werden durch Tauchbäder die einzelnen Lederfasern getränkt, was eine nachträgliche Beschichtung überflüssig macht. Schuhe aus Nubuk sollten weder gefettet noch geölt werden, da sonst die Poren verstopfen können; stattdessen am besten wachsen.

Nylon

Gattungsbegriff für Gewebe aus PA-Fasern (Polyamid 6,6), die ursprünglich von DuPont entwickelt wurde.

Omni Tech

bezeichnet die atmungsaktive, wind- und wasserdichte Ausstattung der Bekleidung von Columbia.

Ortlieb

Dieser Firmenname ist zum Inbegriff für wasserdichtes Zubehör geworden. Verwendete Materialien:

◆   PS 10: PU-beschichtetes Nylon; leicht und stabil für Leichtpacksäcke

◆   PF 15: PU-Folie, transparent für Dokumente etc.

- ◆   PS 17: PU-beschichtetes Nylon; leicht und stabil für Leichtpacksäcke
- ◆   PS 33: PU-beschichtetes Nylon; leicht und stabil für Leichtpacksäcke
- ◆   PD 350: PVC-beschichtetes PES, mittelmäßig stabil, für einfache Packsäcke
- ◆   PS 36 C: PU-beschichtetes Cordura, leicht und robust, für Radtaschen und Fototaschen
- ◆   PF 45: PVC-Folie, transparent für Packsäcke mit Sichtfenster
- ◆   PS 490: PVC-beschichtetes PES, sehr robust, für sehr stabile Packsäcke
- ◆   PD 620: PVC-beschichtetes PES, extrem robust für Seesäcke und Taschen
- ◆   PS 620 C: PVC-beschichtetes Cordura; extrem stabil für Radtaschen und Seesäcke
- ◆   PD 900: PVC-beschichtetes PES, extrem robust für Seesäcke und Taschen

Outlast

Ist ein Phase-Changing-Material (PCM) des gleichnamigen Herstellers. Es sorgt im gewissen Umfang für temperaturregelnde Eigenschaften. Millionen mikroskopisch kleiner Kugeln nehmen vom Körper unter Anstrengung abgegebene Energie auf und speichern diese zwischen. In Ruhephasen wird diese Energie in Form von Wärme wieder abgegeben. Outlast wird entweder im Gewebe integriert (z.B. Acryl) oder als Beschichtung aufgetragen. Je dicker das Trägermaterial, desto mehr Energie kann gespeichert werden.

Oxford-Nylon

Sammelbegriff für PA-Gewebe, die nach einem speziellen Verfahren hergestellt werden und deshalb strapazierfähiger sind als normales Nylon. Es hat eine Fadenstärke von 420 den, ist robust aber trotzdem weich und geschmeidig im Griff. Oxford-Nylon ist bei der Abriebfestigkeit Cordura deutlich unterlegen. Oxford-Nylon wird gerne als Futtermaterial bei Bekleidung und Schlafsäcken verwendet und im Zusammenhang mit einer Kompaktbeschichtung als Bezugsstoff von selbstaufblasenden Isomatten eingesetzt.

Pilling

Bildung von Knötchen und Fusseln auf Außen- und Innenseite von Bekleidung aus Kunstfasern und Wolle. Bei Kunstfaserwäsche ein rein optischer Effekt, der die Eigenschaften nicht beeinflusst und bei hochwertigem Material kaum vorkommt. Losgelöste Fasern bleiben auf der Ware hängen und verklumpen miteinander. Einfacher Test im Neuzustand: Stoff kurz kräftig aneinander reiben. Bei Wolle geht durch Pilling Substanz verloren.

Polarguard
Isolierfaser aus dem Hause Invista für Schlafsäcke oder Wärmekleidung aus Polyester-Endlosfasern. Wird in den Qualitäten Polarguard 3D und Polarguard Delta eingesetzt.

Polarlite
sind die verschiedenen Fleecestoffe von Salewa. Es gibt die Varianten:
- Polarlite Dynastretch, 360 g/m² - Außenseite mit Antipilling-Ausstattung
- Polarlite Dot, 175 g/m² - mit Dochteffekt zum Feuchtigkeitsabtransport
- Polarlite Classic Basic, 220 g/m² - beidseitig mit Antipilling-Ausstattung
- Polarlite Thermo, 360 g/m² - Außenseite mit Antipilling-Ausstattung
- Polarlite Micro Bamboo, 140 g/m² - mit Bambusfasern und Antipilling-Ausstattung
- Polarlite Micro, 155 g/m² - Außenseite mit Antipilling-Ausstattung
- Polarlite Stretch Microfleece, 160 g/m² - beidseitig mit Antipilling-Ausstattung
- Polarlite Fine, 140 g/m² - mit Antipilling-Ausstattung
- Polarlite Loft Pois, 290 g/m²
- Polarlite Flanel, 192 g/m² - mit Dochtefffekt zum Feuchtigkeitsabtransport

Polartec
Der Fleece von Malden Mills (USA). Der Firmenname ist das Synonym für hochwertigen Fleece, die in verschiedene Einsatzbereiche gegliedert werden können:

▷ Comfort mit:
- Polartec Power Stretch - mit einer glatten Oberfläche und aufgerauter Innenseite, wird figurbetont verarbeitet und ist in alle Richtungen elastisch und windabweisend.
- Polartec Power Stretch Pro - ist leichter als die normale Variante.
- Polartec Power Dry - bei diesem Gewebe werden zwei unterschiedliche Garne verarbeitet, die jeder Seite des Gewebes eine andere Struktur geben, um einen schnellen Feuchtigkeitstransport zu gewährleisten, hat einen UPF 15+.

◆   Polartec Power Dry High Efficiency - ist leichter und sorgt für einen noch schnelleren Feuchtigkeitstransport.

▷   Warmth mit:

◆   Powertec Classic - gibt es in den Stärken 100, 200 und 300, was für das ungefähre Gewicht pro m² steht und somit unterschiedlich stark wärmt.

◆   Powertec Thermal Pro - ist dichter verarbeitet als die Classic-Versionen mit kürzeren Fasern an der Außenseite, was die Wärme besser hält und weniger zum Pilling neigt.

◆   Powertec Thermal Pro High Loft - hat bei gleicher Wärmeleistung ein geringeres Gewicht.

▷   Shelter mit:

◆   Polartec Wind Pro - ist viermal winddichter als normaler Fleece, was durch besonderes feines Garn und eine dichte Verarbeitung erreicht wird.

◆   Polartec Windbloc - der mit einer winddichten Polyurethan-Membrane zwischen der Außen- und Innenschicht ausgestattet ist.

◆   Polartec Windbloc ACT - Air Control Technologie hat eine bessere Atmungsaktivität als die Standardvariante.

◆   Polartec Power Shield - hat eine etwas elastisches, glattes und weiches Obermaterial, welches mit einer zu 98 % winddichten, perforierten Membrane und dem Futter fest verbunden ist.

◆   Polartec Power Shield O2- hat eine Winddichte von 96 % aber eine deutlich höhere Atmungsaktivität wie die normale Variante.

◆   Polartec Power Shield Pro - zu 99 % winddicht mit gesteigerter Atmungsaktivität und wasserdicht bis zu 5.000 mm.

◆   Polartec NeoShell - mit einer Winddichte von 99,9 % und einer Wassersäule von 10.000 mm erreicht es dennoch eine Atmungsaktivität eines normalen Softshells.

Polyacryl (PAC)

Diese bauschfähige, vollsynthetische Faser mit wollähnlichem Griff und höherer Feuchtigkeitsaufnahme als Polyester oder Polypropylen hat eine Wärmeleitfähigkeit ähnlich wie bei Polyester, allerdings schnelle Geruchsbildung. Wird z.B. als Beimischung in Unterwäsche oder Socken eingesetzt.

Polyamid (PA)

ist eine sehr reiß- und abriebfeste Kunstfaser aus makromolekularen Verbindungen mit eingebauten Amiden, die ca. 4 % Wasser aufnimmt (Nylon 3,8 % und Perlon 4,3 %) und sehr dehnbar ist. Spezifisches Gewicht 1,14 g/cm³.

Entscheidender Nachteil: UV-Beständigkeit ist nur bedingt gegeben.

PA-Produkte sind in unterschiedlichen Qualitäten erhältlich. Besonders bekannte PAs sind Nylon (PA 6.6) und Perlon (PA 6). Nylon hat von allen gängigen Textilfasern die höchste Reiß- und Scheuerfestigkeit. Verwendung finden PAs als Gewebe für Zelte, Bekleidung, Schlafsäcke und Rucksäcke. Der Schmelzpunkt von PA liegt bei 250°C.

Polyethylene (PE)

ist ein thermoplastischer, zahelastischer Kunststoff mit großer Stabilität. Wird z.B. als äußere, feste Schicht bei mehrlagigen Hüftgurten oder bei Rückenpolstern verwendet.

Polyester (PES)

ist der Gattungsbegriff für eine UV-beständige, sehr reiß- und abriebfeste Kunstfaser, die sehr dehnungsarm und dadurch formbeständig ist. Sie nimmt fast keine Feuchtigkeit auf (nur 1 % des Eigengewichts). und trocknet sehr schnell. Die Wärmeleitfähigkeit ist um 40 % besser als bei Baumwolle - diese Eigenschaften machen aus ihr eine Universalfaser. Allerdings neigt sie dazu, sich statisch aufzuladen und dadurch Schmutz anzuziehen.

Man unterscheidet zwischen Terylen, der gebräuchlichsten PES-Faser (Schmelzpunkt 256°C, Gewicht 1,38 g/cm³), und dem etwas leichteren, aber auch weniger reißfesten Kodel (Schmelzpunkt 292°C, Gewicht 1,22 g/cm³.

Polyester ist nicht so reiß- und abriebfest wie Polyamid, dehnt sich aber weniger aus und ist im Rohzustand bereits sehr UV-beständig. Wird im Outdoorbereich bei Bekleidung, vor allem Unterwäsche, Fleece, Schlafsackfüllungen (Polarguard, Thermolite) und bei Zelten und Rucksäcken verarbeitet.

Polypropylen (PP)

ist als Faser fast genauso reißfest wie PA, dabei aber deutlich elastischer. Es nimmt nur 1 bis 2 % seines Gewichtes (90 g/cm³) an Wasser auf, ist beständig gegen Chemikalien, bei hohen Temperaturen waschbar und relativ preisgünstig - allerdings ist PP empfindlich gegen UV-Strahlung. Es ist lebensmittelecht und wird gern in Campinggeschirr verarbeitet. Als Faser bindet es Gerüche sehr stark und ist daher aus dem Bekleidungsbereich fast verschwunden.

Polyurethane (PU)

Diese Verbindung auf Basis verschiedener Alkohole kommt meist als Beschichtungsmaterial zum Einsatz um Trägermaterialien wasserdicht zu machen. Dabei kann PU sowohl als Kompaktbeschichtung, als auch als mikroporöse Beschichtung verarbeitet werden (also sowohl wasserdicht als auch atmungsaktiv).

PU ist sehr kältestabil und extrem abriebfest (gut als Zeltboden geeignet). Grundsätzlich gilt jedoch, dass die Haltbarkeit der Beschichtung in einem großen Maß von der Struktur des Trägermaterials abhängig ist. Je glatter das Trägermaterial, desto länger ist die Lebensdauer der Beschichtung.

PU schleißt jedoch mit der Zeit vom Trägermaterial ab, wodurch beschichtetes Gewebe seine Dichtheit einbüßt. PU-Beschichtungen sind jedoch erheblich haltbarer als PVC-Beschichtungen. PU ist auch als offenzelliger, atmungsaktiver Schaum mit hervorragender Rückstellkraft erhältlich und wird als innere, komfortable Schicht bei mehrlagigen Rucksack-Hüftgurten verarbeitet.

Polyvinylchlorid (PVC)

ist einer der ältesten Kunststoffe und eine vollsynthetische Faser mit hohem Chlorgehalt. Wegen seiner Eigenschaften - resistent gegen die meisten Chemikalien, schwer entflammbar, so gut wie keine Feuchtigkeitsaufnahme, guter Wärme-Isolator - wurde es lange Zeit sehr vielseitig angewandt, z.B. als wasserabweisende Beschichtung anderer Textilfasern. PVC ist durch Chlor nicht sehr umweltfreundlich, hat nur eine geringe Hitze- sowie Waschbeständigkeit und wird bei Kälte brüchig. Es wird aus diesen Gründen zunehmend durch andere Stoffe ersetzt.

Powershield ☞ Polartec

PreCip

Ist eine atmungsaktive Beschichtung, die bei Marmot als Wetterschutz verarbeitet wird, Wassersäule 15.000 mm, MVTR 12.000 g/m²/24h.

PTFE

Dieses Kürzel steht für die Verbindung Polytetrafluorethylen (Markennamen: u.a. Teflon, Hostaflon) aus der Gruppe der Fluorcarbone. Es ist extrem widerstandsfähig gegen Chemikalien, sehr hohe und niedrige Temperaturen und UV-Strahlung, leicht verformbar und bildet die Basis für die GORE-TEX® Membrane (☞ Gore-Tex, Entsorgung). Aufgrund seiner Biokompatibilität wird es auch als medizinisches Implantatmaterial (z.B. künstliche Venen) eingesetzt.

Völlig anders aufgebaute Fluorcarbon-Verbindungen, die aber auch unter dem Markennamen Teflon vertrieben werden, machen Gewebe oder Fasern schmutz- und wasserabweisend.

Powertex

steht für die hauseigene wasserdichte Verarbeitung bei Salewa.

- Powertex 7000 - PU-Beschichtung, Wassersäule 7.000 mm, MVTR 7.000 g/m²/24h
- Powertex 2L Stretch Light - PU-Membrane, Wassersäule 20.000 mm, MVTR 20.000 g/m²/24h
- Powertex 2L Stretch -X-treme - PU-Membrane, Wassersäule 10.000 mm, MVTR 10.000 g/m²/24h
- Powertex 2L Stretch - PU-Membrane, Wassersäule 15.000 mm, MVTR 15.000 g/m²/24h
- Powertex Featherwight 3L - PU-Membrane, Wassersäule 10.000 mm, MVTR 8.000 g/m²/24h
- Powertex 2,5L Stretch Light - PU-Membrane, Wassersäule 20.000 mm, MVTR 15.000 g/m²/24h
- Powertex Ripstop 2,5L Stretch - PU-Beschichtung, Wassersäule 10.000 mm, MVTR 8.000 g/m²/24h
- Powertex Ultra 2.5 - PU-Beschichtung, Wassersäule 10.000 mm, MVTR 8.000 g/m²/24h
- Powertex Light Packable - Wassersäule 10.000 mm, MVTR 7.000 g/m²/24h

Primaloft

ist ein Isolationsmaterial aus silikonisierten hydrophoben Mikrofasern (100 % Polyester). Es weist ein gutes Wärmerückhaltevermögen neben einer hervorragenden Komprimierbarkeit auf. Seit Sommer 2008 gibt es auch Primaloft Eco, welches zu 50 % aus recyceltem Polyester besteht.

Quallofil

Eine 7-Kanal-Hohlfasern von DuPont (war eine der ersten Hohlfasern auf dem Markt).

R-Wert

Gibt den Wärmedurchgangswiderstand bei Isomatten an. Je höher, desto besser die Isolation. Leider gibt es bisher kein einheitliches Verfahren für die Ermittlung.

Radiatoreneffekt

Kühleffekt bei manchen Unterwäschen. Enganliegende Wäsche mit relativ glatter Oberfläche vergrößert die Wärmeabgabefläche der Haut. Da 90 % der Wärmeabgabe des menschlichen Körpers über die Haut, nur 10 % über die Atmung erfolgen, kühlt der Körper schnell ab. Bei kühler Witterung sollte man also eine eher weite und/oder windresistente Kleidung darüber tragen. An warmen Tagen kann solche Wäsche solo getragen werden.

Reiserucksack ☜ Kofferrucksack

Reißfestigkeit

Widerstandskraft eines Gewebes oder Garnes unter Zug bis zum Reißen.

Riegelnaht

(engl. Bar Tack) sind Nähte mit extrem hoher Festigkeit. Die Naht beginnt und endet in der Mitte, ein Aufgehen ist praktisch ausgeschlossen.

RET-Wert

Diese Abkürzung steht für „Resistance to Evaporate Heat Transfer", einem Wert, der die Atmungsfähigkeit eines Materials angibt. Er gibt an, wie stark der Widerstand ist, den ein bestimmter Stoff dem Wasserdampf entgegensetzt. Je geringer der RET-Wert, desto atmungsaktiver ist das Material.

Das Institut Hohenstein hat folgende Definition festgelegt:
- < 6 gilt als extrem atmungsaktiv
- 6 - 13 gilt als sehr atmungsaktiv
- 13 - 20 gilt als atmungsaktiv
- > 20 gilt als nicht atmungsaktiv

Ripstop
Gewebe, in das in gleichmäßigen Abständen in beiden Richtungen rechtwinklig oder diagonal stärkere Fäden zur Erhöhung der Weiterreißfestigkeit eingewebt sind. Das soll verhindern, dass kleine Risse vollständig durch das Gewebe reißen. Dieses Webverfahren wird zur Steigerung der Reißfestigkeit bei PA, PES und Baumwolle eingesetzt.

Ripstopmaterialien werden oft bei leichter Funktionsbekleidung und als Außenmaterial bei Zelten eingesetzt. An den Kreuzungspunkten sammelt sich gerne Wasser, weil diese Stellen schwer zu beschichten sind.

Schultergurt
Teil des Rucksacktragesystems, das den Rucksack am Körper halten sollen.

Scotchguard
Faserschutzbehandlung gegen Schmutz und Feuchtigkeit von 3M. Hohe Wirkung, da jede Faser einzeln ummantelt wird.

Scotchlite
ist ein stark reflektierendes Material von 3M, das verschiedene Hersteller von Rucksäcken und (Rad- und Lauf-)Bekleidung als Applikation zur Erhöhung der passiven Sicherheit verarbeiten.

Schurwolle, reine
Neue, vom lebenden Schaf geschorene Wolle ist unbehandelt und das natürliche Wollfett ist erhalten. Das Wollsiegel garantiert beste Qualität mit einer Toleranz von ca. 5 %. Für Artikel aus mind. 60 % neuer Schurwolle gibt es

ein Kombi-Siegel, hier müssen die restlichen Fasern genau bezeichnet sein. Nicht gekennzeichnete Artikel können aus recycelter Wolle (Reißwolle) bestehen oder mit einem Anteil Chemiefasern gemischt sein.

Das Textilkennzeichnungsgesetz (TK) legt die Qualitätskriterien und die Art der Zusammensetzung - der Verbraucher erkennt die Faserqualität am eingenähten Etikett.

Seide

stammt aus den Kokons der Seidenspinnerraupen. Echte Seide ist rar und verhältnismäßig teuer. Sie ist weich, leicht, geschmeidig, feuchtigkeits-anziehend, reißfest, hat ein kleines Packmaß und eine gute Wärmeisolierung. Allerdings ist sie nur bedingt waschbar und nicht beständig gegen Schweiß und UV-Strahlen. Sie wird als Unterwäsche oder Schlafsackinlett verarbeitet.

Silikone

Poly(organo)siloxane sind Polymere, bei denen Silicium- mit Sauerstoffatomen verknüpft sind. Silikonöle werden aufgrund ihrer konstanten Elastizität unter extremsten Temperaturbedingungen häufig zur Imprägnierung von Textilien eingesetzt.

Silikonbeschichtung

Sehr kälteresistente und knickstabile Gewebebeschichtung auf Siliziumbasis, die bei hoch qualitativer Ausführung zu einer Erhöhung der Weiterreißfestigkeit des unbeschichteten Gewebes beiträgt und dessen UV-Beständigkeit deutlich steigert, z.B. bei hochwertigen Zeltaußenstoffen. Silikonbeschichtungen verringern Wasseraufnahme des beschichteten Gewebes und damit dessen Feuchtdehnung.

Silikonisierung

ist ein häufig bei PES-Wattierungen verwendetes Verfahren zur Minimierung der Reibung der Fasern untereinander und zur Erhaltung der Geschmeidigkeit, z.B. bei Schlafsackfüllungen. Die Fasern, deren Oberfläche normalerweise rau ist, verhaken sich so nicht mehr ineinander, der ☞ Loft bleibt länger erhalten.

Spandura
Cordura mit Elastan kombiniert, was eine große Flexibilität mit Haltbarkeit ergibt.

Spectra
Polyethylen-Faser, die zehnmal so stark wie Stahl und leichter als Wasser ist. Wird verwendet für Tauwerk, Schutzbekleidung und Angelequipment.

Spraywert-Test
Ein Test, bei dem das Abperlverhalten eines Gewebes bewertet wird, d.h., wie gut der Stoff imprägniert ist (☞ Imprägnierung) und Regentropfen abperlen. Das Gewebe wird dabei eingespannt und mit exakt 250 ml Wasser berieselt. Anschließend wird optisch überprüft, wie die Tropfen abperlen. Die Skala geht von keine Benetzbarkeit (Spraywert 100) bis vollständige Durchtränkung (Spraywert 0). Je höher der Wert, desto besser bleibt die Atmungsaktivität eines Textils auch bei Regen erhalten.

Spritztechnik
Urformverfahren zur Herstellung von Formteilen bzw. zum Direktanspritzen von Zwischen- oder Laufsohlen. Als Werkstoff kommt Granulat aus PVC, Kautschuk bzw. flüssiges Polyurethan und Polyamid zum Einsatz. Durch das Anspritzen einer Zwischensohle entsteht eine homogene und 100 % dichte Verbindung zum Schaft, die ein Ablösen nahezu unmöglich macht. Die Auswahl der Grundmaterialien wird je nach Einsatzzweck des Schuhs getroffen. Die Spritztechnik wird allerdings immer in Verbindung mit der Zwicktechnik zur Anwendung gebracht.

Stabilisierungsriemen
Diese Teile des Rucksacktragesystems verbinden das untere Ende des Packsackes mit dem Hüftgurt und stabilisieren den Rucksack.

Stapelfasern ☞ Kurzfasern

Stormlock
bezeichnet die verschiedenen winddichten Ausstattungen von Jack Wolfskin.

Mit der richtigen Ausrüstung trotzt man jedem Wetter

Supplex

Markenname von Invista (ursprünglich DuPont) für texturiertes Taslan Multi-filament-Nylon aus Filamenten mit sehr kleinem Durchmesser. Das Material ist weich, hautfreundlich, knitterfrei, leicht, atmungsaktiv, extrem stabil und trocknet schnell. Es wird vielfach als Trägermaterial für mikroporöse Beschichtungen oder Membranen in Z-Linern eingesetzt.

Sympatex

ist eine dünne Klimamembran auf Polyesterbasis von Akzo Enka, die Wasser-dampf auf elektrochemischem Wege entlang der Molekülketten von innen nach außen transportiert. Sympatex weist eine Wasserdichtigkeit von bis zu 25.000 mm und einen RET-Wert von 1,5 auf, was sie als extrem atmungsak-tiv klassifiziert.

Synchilla

Polyester-Fleece von Patagonia und Malden Mills. Stärke zwischen Polartec 200 und 300. Synchilla wird seit 1993 aus recycelten PET-Flaschen herge-stellt (etwa 25 Flaschen ergeben einen Pullover).

T-Zip
bezeichnet ein Reißverschlusssystem für Hosen, das es ermöglicht den unteren Teile der Hose abzunehmen, ohne dafür die Schuhe ausziehen zu müssen. Neben dem üblichen horizontalen Reißverschluss in Höhe des z.B. Knies verläuft ein weiterer vom Knöchel an aufwärts. Durch diese T-Konstruktion lässt sich eine lange Hose schnell und bequem in eine kurze Hose verwandeln.

T3000
bezeichnet die Wetterschutztechnologie von Jeantex. Es wird klassifiziert in Xmore, ULT, Comfort und light.

Tactel
wird von Invista (ursprünglich DuPont) aus sehr feinen Nylon-Endlosfasern gewonnen. Es hat einen baumwollenen Griff, hohe Atmungsaktivität und Feuchtigkeitstransport, ist nahezu winddicht und 20 % leichter als herkömmliche Fasern.

Tagesrucksack ☞ Seite 100

Taslan
bezeichnet Stoffe, deren PA-Fasern durch Heißluft oder Dampf texturiert, d.h. gekräuselt werden. Dadurch bauschen sich die Fasern auf, erhalten mehr Volumen und werden weicher. Ihre wind- und wasserabweisenden sowie atmungsaktiven Eigenschaften bleiben aber erhalten. Taslane sind abriebfest.

Technopile
bezeichnet Fleece-Produkte aus dem italienischen Hause Pontetorto.

Teflon ☞ Polytetrafluorethylen (PTFE).

Terylen
Die gebräuchlichste Polyesterfaser ist etwas schwerer und reißfester als Kodel, spezifisches Gewicht 1,38 g/cm³; Schmelzpunkt bei 256°C.

Tex-System

1969 in Deutschland eingeführte Maß- und Gewichtsbezeichnung für Chemie- und Naturfasern. Die Grundeinheit tex ist das Gewicht einer Faser in Gramm bei einer Länge von 1.000 m.

Die Feinheit von Textilfasern wird allerdings in dtex (Dezitex) angegeben, also Gramm pro 10.000 m. Wenn 10 km einer Faser 1,5 Gramm wiegen, so entspricht das 1,5 dtex.

Texapore

bezeichnet die wasserdichten und atmungsaktiven Lösungen von der Firma Jack Wolfskin:

- ◆ TEXAPORE 4x4 - Wassersäule 4.000 mm, MVTR 4.000 g/m²/24h
- ◆ TEXAPORE - Wassersäule 6.000 mm, MVTR 9.000 g/m²/24h
- ◆ TEXAPORE O2+ Air - Wassersäule 5.000 mm, MVTR ab 15.000 g/m²/24h
- ◆ TEXAPORE O3+ Air - Wassersäule 5.000 mm, MVTR ab 30.000 g/m²/24h
- ◆ TEXAPORE O2 RE - Wassersäule 20.000 mm, MVTR 15 - 20.000 g/m²/24h
- ◆ TEXAPORE O4 RE - Wassersäule 20.000 mm, MVTR 35 - 40.000 g/m²/24h
- ◆ TEXAPORE O3 RE Hyproof - Wassersäule 40 - 50.000 mm, MVTR 25 - 30.000 g/m²/24h

Texturierung

Mechanische und/oder chemische Veränderung glatter, synthetischer Fasern, um ihnen eine Kräuselstruktur zu verleihen und so einen baumwollartigeren Griff zu erreichen. Dabei wird auch das Gesamtvolumen und/oder die Elastizität erhöht.

Texturierte Materialien sind angenehm griffig und abriebfest, lassen sich aber schwerer wasserdicht beschichten, beispielsweise ☜ Cordura, ☜ Taslan, ☜ Supplex.

Thermolite

von Invista (ursprünglich DuPont) besteht aus drei unterschiedlichen Fasertypen: Mikrofasern, Spiralhohlfasern und gebackenen Fasern, isoliert sehr gut und ist extrem komprimierbar. Thermolite wird u.a. für Schlafsäcke, Innenfutter von Bekleidung und Handschuhen verwendet.

Thinsulate

ist eine Mikrofaser von 3M. Sie zeichnet sich durch viel feinere Fasern pro cm² wie herkömmliche Fasern aus. Dadurch erreicht sie sehr hohe Isolationswerte. Sie ist außerdem atmungsaktiv und feuchtigkeitsabweisend.

Tragesystem

Das Herzstück des Rucksacks besteht aus Hüftgurt, Schultergurt, Lageverstellriemen und Stabilisierungsriemen.

TransActive

Funktionsmaterial das in Zusammenarbeit von Sympatex mit VauDe entwickelt wurde. Wird heute nicht mehr produziert.

Trevira

Einer der größten Hersteller für Polyesterfasern in Europa.

Triplepoint

ist die wasserdichte und atmungsaktive Ausstattung von Lowe alpine. Unterschieden wird:

◆ Triplepoint XC - mikroporöser PU-Beschichtung als 2,5-Lager
◆ Triplepoint XL - als 2 und 3-Lager
◆ Triplepoint Dynamic - Die Membrane mit zusätzlicher Infrarot(Wärme)-Absorbation und antibakterieller (Silber) Ausstattung erreicht einen RET von 4,83 als 2-Lager und RET 6,88 als 3-Lager

Ultraloft

Ist eine Mischung aus elastischen und silikonisierten Spiral- und Holfasern mit 4 bzw. 7 Kanälen, die von Ajungilak im Schlafsackbereich eingesetzt wurde.

Ultrasoft

die daunendichte Nylonmikrofaser von Mountain Equipment dient als Bezugsstoff für Schlafsäcke und Daunenbekleidung.

Veloursleder

Das raue, geschliffene Leder vom Fleischspalt ist sehr kratzfest.

Venturi

ist die hauseigene Membrane (geschlossen) von Schöffel mit einer Wassersäule von mind. 10.000 mm und einem RET von 6-7.

Versteckte Naht

(engl. Tuck Stitched) Hochwertige Nähtechnik die bei Daunenprodukten angewandt wird: Die Kammerwand wird an den Falz des Obermaterials von innen vernäht, der Faden ist somit außen vor Abrieb geschützt, zieht weniger Wasser und ist winddichter. Ein zeitaufwendiges und teures Verfahren.

Vibram

DIE Sohle bei Wanderschuhen. Die verwendete Gummimischung ist abriebfest und dennoch griffig. Vibram wird von allen namhaften Schuhherstellern oft mit ihrer eigener Profilierung angeboten.

Viskose

Die künstlich hergestellte Endlosfaser aus Zellulose hat baumwollähnliche Eigenschaften, knittert aber weniger als Baumwolle. Wird beispielsweise bei Outdoor-Handtüchern oder als Materialmix als Schlafsackinnenbezug eingesetzt. Viskose saugt viel Wasser auf und gibt es nach dem Auswringen fast wieder komplett ab.

Vorderkappe

Teil des Schuhs. Diese Versteifung schützt die Zehen.

Wasserdampfdurchgang ☞ Atmungsaktiv

Wassersäule (WS, auch Wasserdrucksäule)

Maß für Wasserdichtigkeit mit der Einheit mm. Entspricht der Wasserhöhe über einer Fläche von 10 cm², die theoretisch über dem Material stehen könnte, ohne dass dieses durchlässig wird. 1.000 mm WS entsprechen 0,1 bar (100 g).

Regenbekleidung gilt nach DIN-Norm ab 1,3 m als wasserdicht, was aber unrealistisch ist. Zeltböden sollten mind. 6.000 mm, besser noch höhere

Werte aufweisen. Bei Außenzelt und Bekleidung ist auch das Abperlverhalten sehr wichtig. In den USA ist die Angabe oft in PSI (1 PSI entsprechen knapp 700 mm Wassersäule).

Waxcotton
ist ein mit Wachs imprägniertes, wasserdichtes Baumwollgewebe, das nicht atmungsaktiv ist und deshalb nur bei gemäßigten Aktivitäten zu empfehlen ist. Waxcotton muss gelegentlich nachimprägniert werden.

Wetterschutzrand
Auch Geröllschutz ist ein Teil des Schuhs. Bei klebegezwickten Schuhen schützt der Wetterschutzrand vor Nässe und Abrieb.

Weiterreißfestigkeit
Dieser Wert gibt an, wie schnell ein beschädigtes Gewebe weiter reißt. Vor allem bei durch Gestängebruch zerschnittenen Außenzelten oder beschädigten Bekleidungsstücken wichtig, damit sich der Riss nicht vergrößert.

Besonders weiterreißfest sind beidseitig silikonbeschichtete Ripstop-Polyamid-Materialien.

Windbloc ☜ Polartec

WINDSTOPPER® Membrane
Zur Herstellung von Windstopper-Laminaten wird eine spezielle GORE-TEX® Membrane (ePTFE) mit Textilien verbunden (laminiert). WINDSTOPPER®-Bekleidung, Mützen und Handschuhe bieten einen außergewöhnlichen Vorteil: sie kombinieren erstmals dauerhafte Winddichtigkeit mit hoher Atmungsaktivität.

Es gibt also einen absolut sicheren Schutz vor dem Windchill-Effekt, also vor Auskühlung durch den Wind, gleichzeitig kann aber der Körper ungehindert atmen. Man benötigt weniger Bekleidungsschichten um dennoch angenehm warm und leistungsfähig zu bleiben. Bei kaltem und windigem Wetter sind Bekleidungsteile und Accessoires wie Handschuhe, Stirnbänder mit WINDSTOPPER®-Funktionsmaterial hervorragend geeignet für Sport und Freizeit.

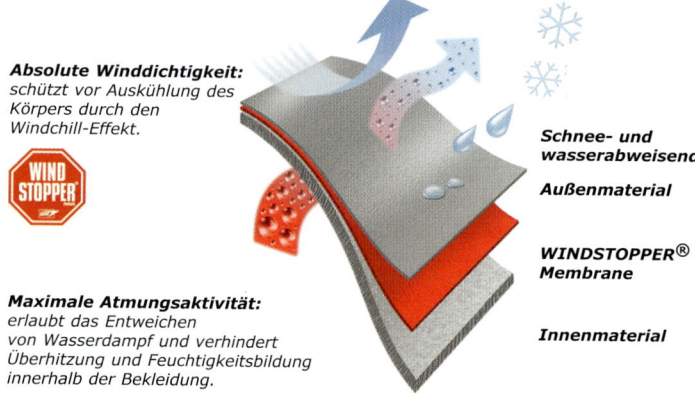

Absolute Winddichtigkeit:
*schützt vor Auskühlung des
Körpers durch den
Windchill-Effekt.*

**Schnee- und
wasserabweisend**

Außenmaterial

**WINDSTOPPER®
Membrane**

Innenmaterial

Maximale Atmungsaktivität:
*erlaubt das Entweichen
von Wasserdampf und verhindert
Überhitzung und Feuchtigkeitsbildung
innerhalb der Bekleidung.*

WINDSTOPPER® Membrane

♦ WINDSTOPPER® Active Shell - besonders leicht und kleines Packmaß,
  RET <4

♦ WINDSTOPPER® Soft Shell - höchster Tragekomfort durch weiches Innen- und
  wasserabweisendes Obermaterial, RET 4-8

♦ WINDSTOPPER® Technical Fleece - kleiner und leichter als herkömmlicher
  Fleece bei doppelter Wärmeleistung, RET 6-13

♦ WINDSTOPPER® Insulated Shell - Warm, weich und leicht. Die Isolationsschicht ist unter der Membrane angebracht, um einen optimalen Schutz und
  Feuchtigkeitstransport zu gewährleisten, RET <4

Wolle

Was heute Softshell oder Fleece ist, war früher Wolle - die Allround-Funkti-
onsfaser. Wolle ist ein tierischer Faserstoff aus hornartiger Keratinsubstanz.
Sie hat die gleiche Wärmeisolation wie Polyester bei deutlich höherem Was-
seraufnahmevermögen (bis zu 30 % des Eigengewichts), ist relativ unemp-
findlich gegen Hitze und wärmt selbst in feuchtem Zustand. Sie nimmt bis zu
40 % des eigenen Gewichts an Feuchtigkeit auf, ohne an Isolationsvermögen
einzubüßen. Im Vergleich zu Kunstfasern ist sie allerdings schwerer (durch
gespeicherte Feuchtigkeit nimmt das Gewicht noch zu), nicht scheuerfest und
trocknet sehr langsam.

Deutliche Unterschiede gibt es in der Qualität, von weicher Merinowolle bis zu rauer Cheviotqualität. Vor allem Merinowolle findet in letzter Zeit regen Zuspruch im Outdoorbereich, sie wird vermehrt bei Unterwäsche und Socken eingesetzt, da sie nicht so stark Gerüche annimmt wie Kunstfaser.

Wolle, gewalkt

ist ein um etwa 40 % geschrumpftes, also leicht verfilztes und wieder mit natürlichem Wollfett ausgerüstetes Gestrick.

Windchill-Factor

Durch Wind wird die Haut zusätzlich gekühlt. Aus einer Temperatur von 4°C bei Windstille, wird bei Windstärke 6 eine gefühlte Temperatur von -2°C auf der Haut. Windchill-Tabellen beschreiben die Temperaturen im Verhältnis zur Windstärke

Windchill-Tabelle

Windgeschwin-digkeit (km/h)	Temperatur in °C							
	10	5	0	-5	-10	-15	-20	-25
5	10	4	-2	-7	-13	-19	-24	-30
10	9	3	-3	-9	-15	-21	-27	-33
15	8	2	-4	-11	-17	-23	-29	-35
20	7	1	-5	-12	-18	-24	-30	-37
25	7	1	-6	-12	-19	-25	-32	-38
30	7	0	-6	-13	-20	-26	-33	-39
35	6	0	-7	-14	-20	-27	-33	-40
40	6	-1	-7	-14	-21	-27	-34	-41
45	6	-1	-8	-15	-21	-28	-35	-42
50	6	-1	-8	-15	-22	-29	-35	-42
55	5	-2	-8	-15	-22	-29	-36	-43
60	5	-2	-9	-16	-23	-30	-36	-43
65	5	-2	-9	-16	-23	-30	-37	-44
70	5	-2	-9	-16	-23	-30	-37	-44
75	5	-3	-10	-17	-24	-31	-38	-45
80	4	-3	-10	-17	-24	-31	-38	-45

YKK
Der Hersteller von Reißverschlüssen bietet seit einigen Jahren auch erfolgreich Schnallen für Rucksäcke an.

Z-Liner
Die Membrane hängt frei zwischen Ober- und Futterstoff. Sehr weich und geschmeidig, aber wenig robust.

Zip
bezeichnet die Systeme horizontal verlaufender Reißverschlüsse mit denen Hosen und Röcke von einer langen Version in eine kurze oder umgekehrt verwandelt werden können.

Zweilagen-Laminate
Die Membrane wird von innen auf den Außenstoff laminiert und von innen mit einem losen Futter geschützt (meist ein Gewebe oder Netzstoff). Je nach Trägermaterial sind diese Laminate mittelmäßig haltbar.

Die Atmungsaktivität der Klimamembran ist dabei stark abhängig vom verarbeiteten Außenstoff.

Zwiebelprinzip
Bekleidungsprinzip, bei dem aus mehreren dünnen Schichten ein Schutzschild für unterschiedlichstes Wetter und Temperaturschwankungen entsteht - sich aber jedes Teil separat tragen und kombinieren lässt.

Um die Funktionen jedes einzelnen Teils voll auszuschöpfen, bedarf es bei bestimmter Oberbekleidung auch der entsprechenden Bekleidung darunter. Außerdem reduziert sich das Reisegepäck auf das Wesentliche, weniger Gewicht und kleineres Packmaß, wenn alles kombinierbar ist.

Zwienähverfahren
Traditionelles Nähverfahren bei schweren Schuhen, bei dem die Einstechnaht von außen sichtbar ist. Die Doppelnähte haben diesem Verfahren den Namen geben.

Zwicktechnik

Verfahren, mit denen die Formgebung des Schaftes und die Befestigung der Schaft-Boden-Verbindungszugabe mit einem entsprechenden Verbindungsmittel erfolgt. Ein einheitliches Zwicksystem für alle Bodenbefestigungsverfahren gibt es nicht. Die Klebezwicktechnik hat heute den Vorrang, die Täcks- und KlammerZwicktechnik werden aber weiterhin auch eingesetzt.

Zwischensohle

liegt als Dämpfung zwischen Brand- und Laufsohle und besteht aus Polyurethan oder EVA (Ethylen/ Vinylacetat). Sie unterstützt die federnde Funktion des Fußes und ersetzt im Grunde den weichen Boden, für den unser Skelett ursprünglich ausgelegt ist. Dient der Dämpfung und schont folglich Sprung-, Knie- und Hüftgelenk.

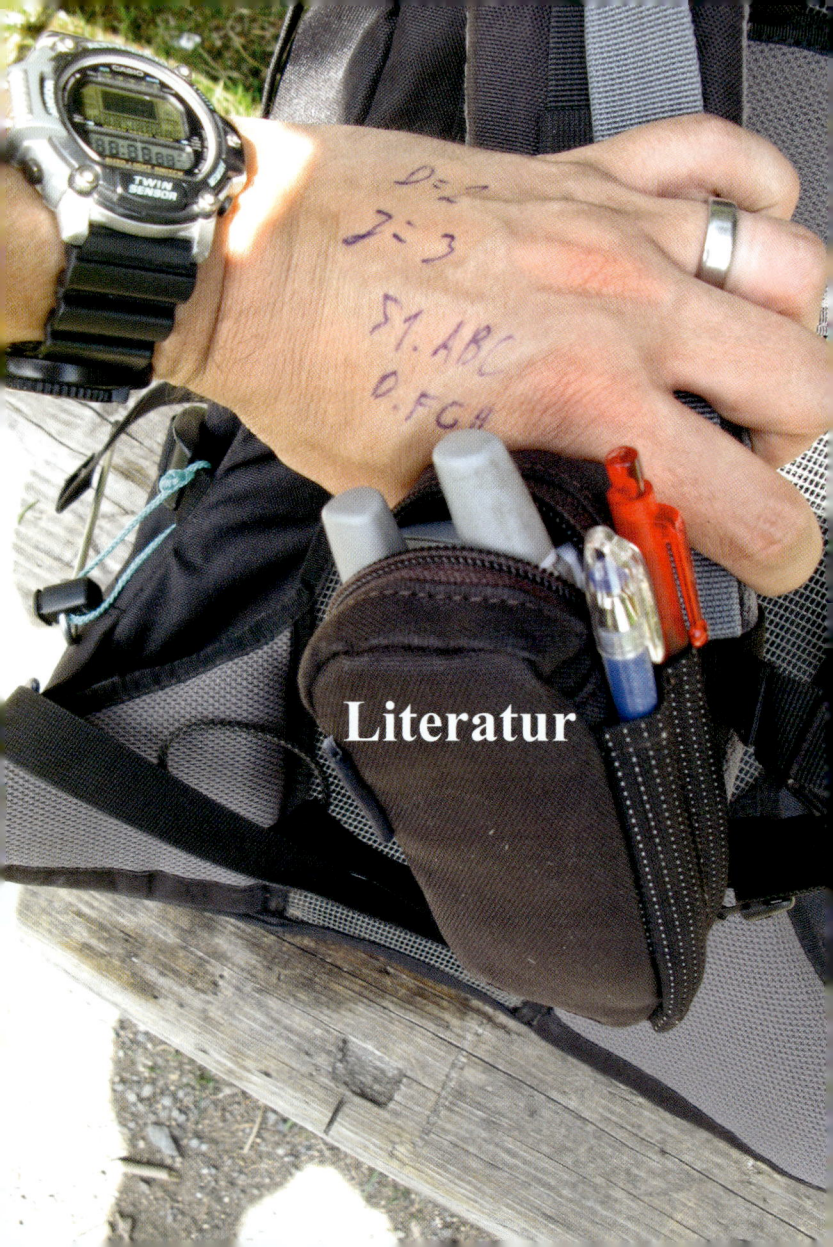

Literatur

Literatur

Um dem Vorwurf vorzubeugen, parteiisch zu sein, wurde in diesem Outdoor-Handbuch bewusst darauf verzichtet, die Vor- oder Nachteile einzelner Modelle verschiedener Hersteller zu bewerten.

Um sich dennoch einen guten Überblick über Ausrüstungsdetails und Funktionalität einzelner Modelle zu verschaffen sei an dieser Stelle auf drei Zeitschriften verwiesen, die regelmäßig Ausrüstungsgegenstände intensiven Tests unterziehen und die Ergebnisse zumeist tabellarisch und damit sehr informativ darstellen.

▷ **Alpin**, Planegger Str. 15, D-82131 Gauting, ☎ 089/89 31 60-0,
   FAX 089/89 31 60-19, ✍ info@alpin.de, 🖥 www.alpin.de

▷ **Bergsteiger**, Infanteriestr. 11a, D-80797 München,
   ☎ 089/130 69 9-0, FAX 089/130 69 9-100,
   ✍ redaktion@bergsteiger.de, 🖥 www.bergsteiger.de

▷ **outdoor**, Motor Presse Stuttgart GmbH & Co.KG,
   D-70162 Stuttgart, ☎ 071 11/182-01, FAX 071 52/94 15-929,
   ✍ info@outdoor-magazin.com, 🖥 www.outdoor-magazin.com

▷ **trekking-Magazin**, Modellsport Verlag GmbH, Schulstr. 12, D-76532
   Baden-Baden, ☎ 072 21/95 21-0, FAX 072 21/95 21-45,
   ✍ info@trekkingmagazin.com, 🖥 www.trekkingmagazin.com

▷ **Wanderlust**, Verlag Brinkmann Henrich Medien GmbH, Heerstr. 5,
   D-58540 Meinerzhagen, ☎ 023 54/77 99-0,
   FAX 023 54/77 99-77, ✍ info@wanderlust-magazin.de,
   🖥 www.wanderlust-magazin.de

☺   Von allen fünf Verlagen ist ein Verzeichnis aktuell noch lieferbarer Ausgaben erhältlich. Ebenso sind viele Informationen direkt über die Homepages abrufbar und es besteht die Möglichkeit mittels RSS-Feeds auf dem Laufenden zu bleiben.

☺ Eine weitere Möglichkeit sich aktuelle Informationen über einzelne Produkte zu beschaffen bieten die unzähligen Foren und Lexika im Internet. Exemplarisch sei hier auf die Homepage von 🖥 www.globetrotter.de verwiesen, wo Kunden sogar Bewertungen für die einzelnen Produkte abgeben können.

📖 Als Ergänzung zum vorliegenden Ausrüstungsführer empfehlen wir folgendes Buch, da es in sehr anschaulicher Weise mit zahlreichen Zeichnungen und Bildern aufzeigt, wie man kleine und größere Reparaturen auch unter den eingeschränkten Möglichkeiten in der Natur durchführen kann:

◆ The Essential Outdoor Gear Manual - Equipment Gear and Repair for Outdoorspeople, Annie Getchell, Ragged Mountain Press/McGraw-Hill, ISBN 978-007135712-8

OutdoorHandbücher, Basiswissen für draußen aus dem Conrad Stein Verlag

📖 **Ausrüstung 2 - für Camp und Küche**, Dr. Sven Deutschmann und Johann Schinabeck, Band 101, ISBN 978-3-89392-501-8, € 7,90

◆ **Trekking ultraleicht**, Stefan Dapprich, Band 184, ISBN 978-3-86686-395-8, € 9,90

◆ **Bergwandern**, Tim Castagne, Band 9, ISBN 978-3-86686-009-4, € 8,90

◆ **Camping nicht nur für Anfänger**, Ronald Metzger, Band 237, ISBN 978-3-86686-333-0, € 8,90

Wandern mit Kind
zu Fuß · per Rad · mit Kanu

Conrad Stein Verlag
OutdoorHandbuch Band 15
Basiswissen für draußen

ISBN 978-3-86686-015-5

Outdoor-Magazin: „Draußen sein, toben, spielen, aber auch wandern - ein Kindertraum. Wie man ihn am besten verwirklicht, erklärt kurz und prägnant die Autorin."

Outdoorliteratur und Umweltschutz

- was könnte besser zusammenpassen? Wir vom Conrad Stein Verlag produzieren unsere Bücher so umweltschonend wie möglich.

Wir drucken klimaneutral!

Wir verwenden nicht nur umweltfreundliche Materialien, sondern arbeiten auch mit einer Druckerei zusammen, die sich für Klimaschutz engagiert. Dass beim Druck klimaschädliches CO_2 entsteht, lässt sich leider nicht vermeiden. Dies versuchen wir aber auszugleichen, indem wir Klimaschutzprojekte unterstützen - z.B. den Bau von Wasserkraftwerken, die besonders wenig CO_2 produzieren. So werden die Treibhausgase, die beim Druck unserer Bücher entstehen, an anderer Stelle eingespart.

Auf unserer Homepage finden Sie für jedes Buch eine Climate-Partner-Zertifikatsnummer und einen Link zu der Seite ⌨ www.climatepartner.com. Hier finden Sie weitere Informationen und können sehen, welche Umweltprojekte mit unseren Abgaben gefördert wurden.

Übrigens ...

... war der Conrad Stein Verlag der erste Buchverlag in Deutschland, der konsequent klimaneutral produzieren und transportieren ließ. Wir hoffen, dass uns viele andere Verlage auf diesem Weg folgen!

Buchtipps aus dem Conrad Stein Verlag

Bergwandern

Tim Castagne
OutdoorHandbuch Band 9
Basiswissen für draußen
96 Seiten ▸ 20 farbige Abbildungen
20 Illustrationen

ISBN 978-3-86686-009-4

>> **KanuMagazin** zu den OutdoorHandbüchern aus dem Conrad Stein Verlag: *„der perfekte Einstieg ins Leben abseits der Stadt."*

Trekking

Michael Hennemann
OutdoorHandbuch Band 7
Basiswissen für draußen
96 Seiten ▸ 25 farbige Abbildungen
4 farbige Illustrationen

ISBN 978-3-86686-354-5

Der Nachfolgeband des Klassikers „Wildniswandern" - ein hilfreicher Ratgeber für alle, die gerne mit Rucksack und Zelt in der Natur unterwegs sind.

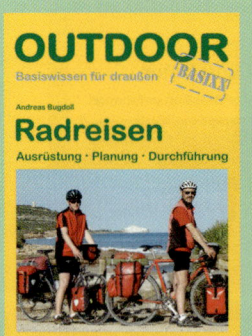

Radreisen

Andreas Bugdoll
OutdoorHandbuch Band 34
Basiswissen für draußen
160 Seiten ▸ 58 farbige Abbildungen
4 farbige Skizzen und Illustrationen

ISBN 978-3-86686-034-6

>> **trekkingguide.de:** *„Gewohnt kompakt, handlich und leicht, aber mit einer großen Menge Information."*

Buchtipps aus dem

Wetter

Michael Hodgson & Meeno Schrader
OutdoorHandbuch Band 13
Basiswissen für draußen
91 Seiten ▶ 32 farbige Abbildungen
21 farbige Illustrationen

ISBN 978-3-86686-013-1

>> **Nordis**: *„jeder kann lernen, wie man mit und ohne Instrumente zu einem echten Wetterfrosch wird. Ein handliches Büchlein für unterwegs.“*

Kochen 1 - aus Rucksack und Packtasche

Nicola Boll
OutdoorHandbuch Band 8
Basiswissen für draußen
123 Seiten ▶ 37 farbige Abbildungen
18 farbige Illustrationen

ISBN 978-3-86686-008-7

>> **Nordis**: *„[...] nützliche Tipps sowie Rezepte zum Kochen, wie auch zum Backen in freier Natur.“*

Angeln

Harald Barth & Ronald Metzger
OutdoorHandbuch Band 21
Basiswissen für draußen
169 Seiten ▶ 91 farbige Abbildungen

ISBN 978-3-86686-021-6

>> **Rute & Rolle**: *„Klein, aber randvoll mit tollen Tipps und Tricks - das Büchlein 'Angeln'. [...] Hier steht alles drin, was Ihr am Wasser wissen müsst. Toll bebildert und mit zahlreichen Zeichnungen führt euch das gelbe Handbuch sicher zum Fangerfolg.“*

Conrad Stein Verlag

Knoten

Manuela Dastig & Dieter Großelohmann
OutdoorHandbuch Band 3
Basiswissen für draußen
96 Seiten ▸ 14 farbige Abbildungen
180 farbige Skizzen und Illustrationen

ISBN 978-3-86686-377-4

>> **Berlin Alpin**: *„Wer denkt, Knoten gäbe es nur beim Bergsteigen, beim Klettern, der sollte mal dieses kleine Buch lesen: 62 verschiedene Knoten werden hierin beschrieben und durch Zeichnungen deutlich gemacht."*

Karte · Kompass · GPS

Reinhard Kummer
OutdoorHandbuch Band 4
Basiswissen für draußen
128 Seiten ▸ 85 farbige Abbildungen

ISBN 978-3-86686-404-7

>> **Berlin Alpin**: *„Diese kleine Navigationslehre enthält die Grundkenntnisse der Standortbestimmung mit den 3 Navigationsmitteln Karte, Kompass und GPS."*

Camping nicht nur für Anfänger

Ronald Metzger
OutdoorHandbuch Band 237
Basiswissen für draußen
174 Seiten ▸ 68 farbige Abbildungen

ISBN 978-3-86686-333-0

>> **Reisemobil international / Camping, Cars & Caravans**: *„Der Camper in spe erhält wertvolle Starthilfe. Durchdachte Ratschläge schützen davor, dass der Neuling Lehrgeld bezahlt und helfen, dass der erste Campingurlaub nicht der letzte bleibt."*

Index